危険な合成洗剤にさようなら!

ナチュラル洗剤のキホン

Basics of Natural detergent

服部正和 Masakazu Hattori

幻冬舎MC

危険な合成洗剤にさようなら！

ナチュラル洗剤のキホン

Basics of Natural detergent

はじめに

新型コロナウイルスの感染拡大をきっかけに、清潔志向が高まっています。

２０２０年11月に行われた調査では「自宅の衛生意識が向上した」と答えた人は80％を超え、45％の人が「自宅の掃除の頻度が多くなった」と答えています。

こうした清潔志向の高まりを受け、ドラッグストアやスーパーの店頭には場所や目的別の洗剤がずらりと並び、次々と手軽に掃除できる、強力な洗浄力をうたった製品が登場しています。ただ市販の合成洗剤のほとんどには、強い洗浄作用はあるものの、カラダに害のある合成界面活性剤が含まれていることはあまり知られていません。

合成界面活性剤が含まれた合成洗剤を長期間にわたり使い続けると、肌荒れの原因となる場合があります。しかも最悪の場合、アトピー性皮膚炎や化学物質過敏症という深刻な病気を発症してしまいます。自分や家族の健康のためにと思ってこまめに掃除をしていても、逆に健康を害してしまっているとしたら、これほど残念なことはありません。

しかしそうはいっても、洗剤を使わずに掃除はできません。そこで本書を通して紹介したいのが「ナチュラル洗剤」です。

ナチュラル洗剤とは、重曹やクエン酸、セスキ、過炭酸ナトリウム、アルカリ電解水など自然由来の素材を使用した洗剤のことです。最近はテレビや雑誌にも頻繁に取り上げられるようになり、興味をもたれる方も多いと思います。健康志向の人たちはすでに生活に取り入れており、ネットを検索すると重曹やセスキを使用した掃除法などの情報もたくさん出てきます。

しかしいざ、実際に自分の生活に取り入れるとなると「どの洗剤をどこに使えばいいの？」「汚れが落ちにくいのでは？」「手間が掛かりそう」といった不安があり、なかなか使うことができないという人も少なくありません。

私の会社はナチュラル洗剤を使用した「お掃除シート」を作っています。以前は、合成洗剤を使用していましたが、合成界面活性剤が人のカラダや環境に悪影響を与えていることに気づき、製品の改良を決意。１９９０年代からナチュラル洗剤について研究開発を開始し、アルカリ電解水と重曹を使用したお掃除シートの製品化に成功したのです。

このお掃除シートを発売すると間もなく、手軽に使用でき、カラダに優しく洗浄力も優れていると口コミで評判になり、今では全国のコンビニ、ドラッグストア、スーパーマーケット、ホームセンターなどで販売されています。


本書では、私がお掃除シートを研究した経験を基に、ナチュラル洗剤の基礎知識と場所や用途に合わせた使い方、またナチュラル洗剤を使用した製品の選び方を分かりやすく紹介します。

家で過ごす時間が長くなっている今こそ、家族の健康を守るナチュラル洗剤をぜひ日々の掃除に活用してください。

第3章 知られざる万能ナチュラル洗剤「アルカリ電解水」

第4章 カラダへの優しさ、高い洗浄力を両立したアルカリ電解水の選び方

第5章 ナチュラル洗剤で健康なカラダを手に入れる

第1章

“清潔志向”が
健康被害を引き起こす
身の回りの危険な合成洗剤

感染症対策で広まる〝清潔志向〟

掃除が行き届いた清潔な住まいは、それだけで気持ちがいいものです。加えて家の中を掃除することは、健康を考えるうえでも重要なポイントとなります。幼い子どもやアレルギーを抱えた家族のいる家庭では、なおさら身の回りの衛生に気を使っていると思います。

特に２０２０年の新型コロナウイルスの感染拡大以降は、これまでの掃除の習慣をさらに見直す契機になりました。

外出自粛によって家の中で過ごす時間が多くなり、今まで気づかなかった室内の汚れに目が向くようになったことも一因かもしれませんが、やはり多くの人が意識したのが、感染リスクを減らすための掃除や衛生管理でしょう。

２０２０年12月、厚生労働省が全国の10～60代の男女９０００人余りを対象に、衛生意識に関する調査を行っています。そこで「新型コロナウイルス感染症の流行前と比べ、衛生意識が高くなった」と回答した人は７割弱に上っています。

今はスーパーやドラッグストアに行けば、台所用、住居用、窓ガラス用、浴室用、トイレ用など場所別・用途別にたくさんの洗剤類が並んでいます。こうした洗剤類を何種類も買いそろえ、熱心に掃除をされている家庭も少なくないと思います。

またウイルス対策としてはアルコール消毒が知られていますが、経済産業省では新型コロナウイルスの消毒を目的に、身近な洗剤が使えるという情報発信をしています（２０２０年６月時点）。

一般の人向けのパンフレットにも「洗剤に含まれる合成界面活性剤で新型コロナウイルスを効果的に除去できます」と明記し、身近な台所用洗剤や住居用洗剤を使った消毒方法や、具体的な洗剤類の商品名を紹介しています。こうした洗剤類で掃除をすれば室内を清潔に保てるだけでなく、新型コロナ対策にもなるのであれば、ますます掃除に力が入るというものです。

しかし、実はここに注意しなければならない問題があります。

市販の洗剤類は手軽に汚れが落ちて便利な反面、私たちの健康を脅かすリスクがあることをご存じでしょうか。健康のためにと使用している洗剤類で、逆に健康に悪影響を与えているとしたら、こんなに悲しいことはありません。

市販の洗剤に含まれる「合成界面活性剤」の作用

現在の市販の多くの洗剤類には、「合成界面活性剤」というものが含まれています。

試しに、皆さんの家庭にある洗剤類のラベルを確認してみてください。ある市販の台所用洗剤の成分表示には「界面活性剤（37％、高級アルコール系［陰イオン］）、ジアルキルスルホコハク酸ナトリウム）、安定化剤」という記載があります。別の浴室用洗剤のラベルには、やはり「界面活性剤（3％、脂肪酸アミドプロピルベタイン）、キレート剤、安定化剤、溶剤」とあります。

洗剤を使うと汚れがよく落ちるのは、この合成界面活性剤の作用によるものです。

経済産業省が発表した 新型コロナウイルスに有効な界面活性剤

新型コロナウイルス対策

ご家庭にある洗剤を使って身近な物の消毒をしましょう

洗剤に含まれる界面活性剤で新型コロナウイルスが効果的に除去できます

試験で効果が確認された界面活性剤

直鎖アルキルベンゼンスルホン酸ナトリウム
アルキルグリコシド
アルキルアミンオキシド
塩化ベンザルコニウム
塩化ベンゼトニウム
塩化ジアルキルジメチルアンモニウム
ポリオキシエチレンアルキルエーテル

※新型コロナウイルスに、0.05～0.2%に希釈した界面活性剤を20秒～5分間反応させ、ウイルスの数が減少することを確認しました。
※これ以外の界面活性剤についても効果がある可能性があり、さらに確認を進めています。

ご家庭にある洗剤に、どの界面活性剤が使われているか確認しましょう

製品のラベルやウェブサイトなどでも、
成分の界面活性剤が確認できます。

※製品本体の成分表は関連法令に基づいて表示されているため、含有濃度などの条件によっては、ウェブサイト上のリストと製品本体の成分表が一致しないことがあります。

品名	住宅・家具用合成洗剤		
成分	界面活性剤（0.2% アルキルアミンオキシド）、泡調整剤		
液性	弱アルカリ性	正味量	400ml

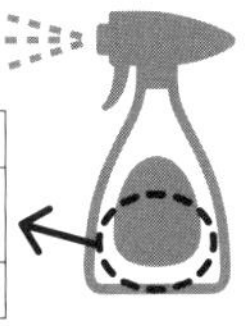

使用上の注意を守って、正しく使いましょう

- 身近なものの消毒には、台所まわり用、家具用、お風呂用など、用途にあった「住宅・家具用洗剤」を使いましょう。
- 安全に使用するため、製品に記載された使用方法に従い、使用上の注意を守って、正しく使いましょう。
- 手指・皮膚には使用しないでください。

経済産業省、製品評価技術基盤機構作成ポスター
「新型コロナウイルス対策　ご家庭にある洗剤を使って身近な物の消毒をしましょう」より作成

それではこの「界面活性剤」とはどんなものなのでしょうか。

界面活性剤を一言で説明するなら、そのままでは混ざり合わないものを混ぜ合わせる性質をもつ物質といえます。

そのままで混ざり合わないものの代表といえば、水と油があります。

洗濯物についた油汚れにただ水を掛けても、はじかれてしまいます。そこに界面活性剤を加えると、界面活性剤が油汚れと洗濯物の境目（界面）に入り込み、油汚れを包んではがします。さらに油汚れを小さな粒子にして水と混ぜ合わせる働きをします。このようにして油汚れが分解され、水に溶け込んだ状態になると、水ですすぐだけで簡単に「汚れが落ちる」ことになります（左図参照）。


日本石鹸洗剤工業会では、界面活性剤の主な働きとして次の４つを挙げています。

（1）浸透作用

水は分子同士の引き合う力が大きいため、衣類の繊維などの中になかなか入りません。

界面活性剤の汚れ落ちのプロセス

汚れに吸い付く

界面活性剤の油になじむ部分が、
汚れや布に吸い付く。

↓

汚れを引き離す

界面活性剤が汚れをすっかり取り囲むことにより、洗濯機の水の力や擦る力で、汚れが布から簡単に離れる。

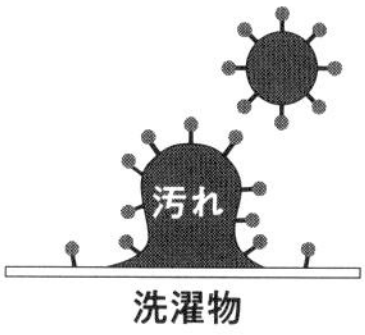

↓

汚れを細かくする

布から離れた汚れは、界面活性剤の働きでどんどん小さな粒になっていく。この汚れは界面活性剤に取り囲まれているため、布に触れても付かない。

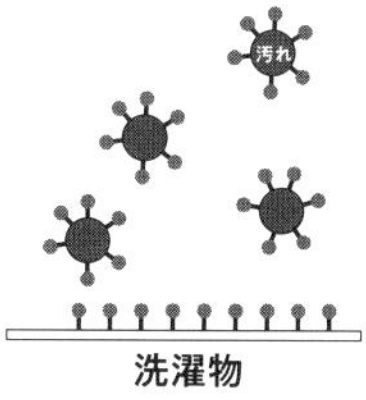

↓

すすぐ

すすぎ洗いで、汚れの小さな粒や布に付着した界面活性剤が流され、洗濯が完了する。

日本石鹼洗剤工業会 HP より作成

ところが水に界面活性剤を加えると水の引き合う力（界面張力）が下がり、繊維などの表面と界面活性剤溶液がなじみやすくなります。

（2）乳化作用

水に油を混ぜても水と油は上下に分離してしまいます。界面活性剤を加えると、油は界面活性剤の分子に取り囲まれ、小滴となって水中に散らばり、水と混じり合った状態になります。

（3）分散作用

ススのような粉状の固体を水に入れた場合も、水と混じり合わずに表面に浮かんでしまいますが、界面活性剤を加えるとススの粒子が界面活性剤の分子に取り囲まれ、細かな粒子になって水中に散らばります。

（4）再付着防止作用

ススを加えた水に布を入れると、布にススが付いてしまいますが、界面活性剤を加えると、ススが水中に分散し、布を入れてもススが付きにくくなります。

洗濯前の衣類もそうですが、キッチンやリビング、浴室などの家庭内の汚れの多くは、人間の皮脂などの油分を含んでおり、水だけでは落ちにくいです。こうした汚れを落とすには界面活性剤の力がたいへん便利に働くため、家庭用洗剤類のほとんどに界面活性剤が含まれているのです。

石油等を原料とした「合成界面活性剤」のリスク

界面活性剤には、さまざまな種類があります。

人間が最も古くから使ってきた界面活性剤が、石けんです。日頃の手洗いや洗顔などで石けんを用いると汚れが落ちやすくなります。これは石けんに含まれる界面活性剤が水と油汚れを混ぜ合わせ、汚れを落ちやすくしているからです。

古い記録では今から約５０００年前、紀元前３０００年頃にメソポタミア文明を築いたシュメール人が、羊毛を加工する際に脂を落とすため石けんを使用したという記録があるそうです。古代ローマ時代にも、動物の脂と木灰（アルカリ分）を原料とした石けんを使用していました。以後、油脂と水酸化ナトリウムから作る現代のような石けんがヨーロッパで大量に工業生産されるようになったのが18世紀末です。

ちなみに、日本に石けんが渡来したのは16世紀の室町時代、一般の人が石けんを使うようになったのは19世紀の明治時代といわれています。

こうした石けんに代わり、昭和になって登場したのが「合成洗剤」です。

合成洗剤とは、石けんに含まれる界面活性剤（脂肪酸ナトリウム、脂肪酸カリウム）以外の界面活性剤を含む洗剤を指します。

合成洗剤に使用される界面活性剤は、石油や動植物の油脂を原料として、高温高圧処理により化学合成されたものです。石けんの界面活性剤と区別するため、「合成界面活性剤」と表現されることも多くなっています。

この合成界面活性剤は汚れ落とし効果に優れており、戦後日本でもまたたく間に普及しましたが、すぐに人体や環境へのリスクが問題視されるようになりました。

その典型が、１９５０年代にアメリカから入ってきた洗濯用合成洗剤に使われていた合成界面活性剤ＡＢＳ（分岐アルキルベンゼンスルホン酸塩）です。

このＡＢＳは石油を原料として合成された界面活性剤です。家庭用洗濯機の普及とともに日本でもよく使われるようになり、１９６０年代には洗濯用石けんの使用を上回るようになりました。しかし、その一方で、この洗濯用洗剤を使うことで手荒れなどの皮膚障害が急増、また排水によって河川が泡立つなど環境汚染も深刻になり、１９７０～80年代には合成洗剤の使用が大きな社会問題となりました。

その後、洗剤メーカーでも人体や環境への影響をより軽減するべく、合成界面活性剤の種類や製法を見直すといった努力が行われてきています。

しかし21世紀になって20年が過ぎた今も、私たちの健康を脅かしかねない危険な合成界面活性剤が、いまだ多くの家庭用洗剤に使用され続けています。

人の健康に悪影響を及ぼす恐れのある合成界面活性剤

現代社会に生きる私たちの身の回りには、洗剤類をはじめ、さまざまな化学物質が溢れています。

多種多様な化学物質のうち、有害な恐れのある化学物質について、排出量などの情報を国が把握し公表しているのが、「ＰＲＴＲ制度（化学物質排出・移動量届出制度：Pollutant Release and Transfer Register)」です。

この制度は２００１年から実施されていますが、対象とする化学物質は、人の健康や動植物の生息・生育に悪影響を及ぼす恐れがあるとされる「第1種指定化学物質」４６２物質です（２０２１年4月現在)。家庭用の合成洗剤に含まれる主要な合成界面活性剤も、実はこの指定化学物質の中に含まれています。

例えば、台所用洗剤や洗濯用洗剤などに使用されている「ポリオキシエチレンアルキル

届出排出量・届出外排出量の合計が多い化学物質

排出量	物質名	主な用途
1位	トルエン	多種多様な化学物質を合成する原料、油性塗料、印刷インキや油性接着剤などの溶剤、ガソリンの成分（排ガスにも含まれる）
2位	キシレン	化学物質の合成原料、油性塗料、接着剤、印刷インキや農薬などの溶剤やシンナー、灯油や軽油、ガソリンの成分
3位	エチルベンゼン	スチレンの原料、油性塗料や接着剤、インキなどの溶剤、混合キシレンの成分
4位	ポリ（オキシエチレン）=アルキルエーテル	台所用洗剤、洗濯用洗剤、工業用洗剤、化粧品のクリームやローションの乳化剤、農薬の補助剤、医薬品の乳化剤や分散剤
5位	ノルマルーヘキサン	高密度ポリエチレンやポリプロピレンの重合溶剤、接着剤、塗料やインキなどの溶剤、ガソリンの成分

環境省「PRTR データを読み解くための市民ガイドブック（平成 28 年度集計結果から）」p.24 より作成

エーテル（ＡＥ）」という合成界面活性剤は、１年に国内で15万トンが生産され、約２万８０００トンが環境に排出されています。ＡＥの排出量合計は、対象の化学物質全体の中でも第４位を占めています。

ＡＥの健康への影響という面では「人の皮膚に対して刺激性はないか、あってもごく弱い一時的な刺激性があるが、湿疹患者に対しては皮膚への感作性（正常な組織にアレルギー反応を生じさせる）を示す可能性がある」という評価です。

また、洗濯用洗剤に多く使用されている「直鎖アルキルベンゼンスルホン酸塩（ＬＡＳ）」は、１年に５万５０００トンが生産され、１万５０００トンが環境中に排出されると見積もられています。

人体への影響では、通常の洗濯使用時の濃度で適切に使う分には、皮膚に対する影響はほとんどないという見解もある一方、欧州委員会（ＥＣ）では20％以上の濃度でＬＡＳを溶かした液は「皮膚刺激性あり」に分類されています。また、長期間にわたってＬＡＳを体内に取り込んだ場合の影響は、まだ確認されていません。

26ページの円グラフは、一般家庭から排出されるＰＲＴＲ制度で指定された化学物質の割合を示したものです。

これを見ると、先に挙げたＡＥやＬＡＳのほかにも、ポリオキシエチレンドデシルエーテル硫酸エステルナトリウム（アルキルエーテル硫酸エステルナトリウム・ＡＥＳ）や、ドデシル硫酸ナトリウム（アルキル硫酸エステルナトリウム・ＡＳ）も、洗剤に含まれる合成界面活性剤です。また、２-アミノエタノールは、家庭用洗剤の中和剤などに使用されています。

これらをすべて合わせると、家庭から排出する有害化学物質のおおよそ7割が、合成洗剤に由来するものだということが分かります。

多種類の合成洗剤を日常的に使い続ける生活で、私たちのカラダにどのような影響が起こるのかは、まだきちんと検証されていないというのが実情です。

家庭から排出される化学物質の割合

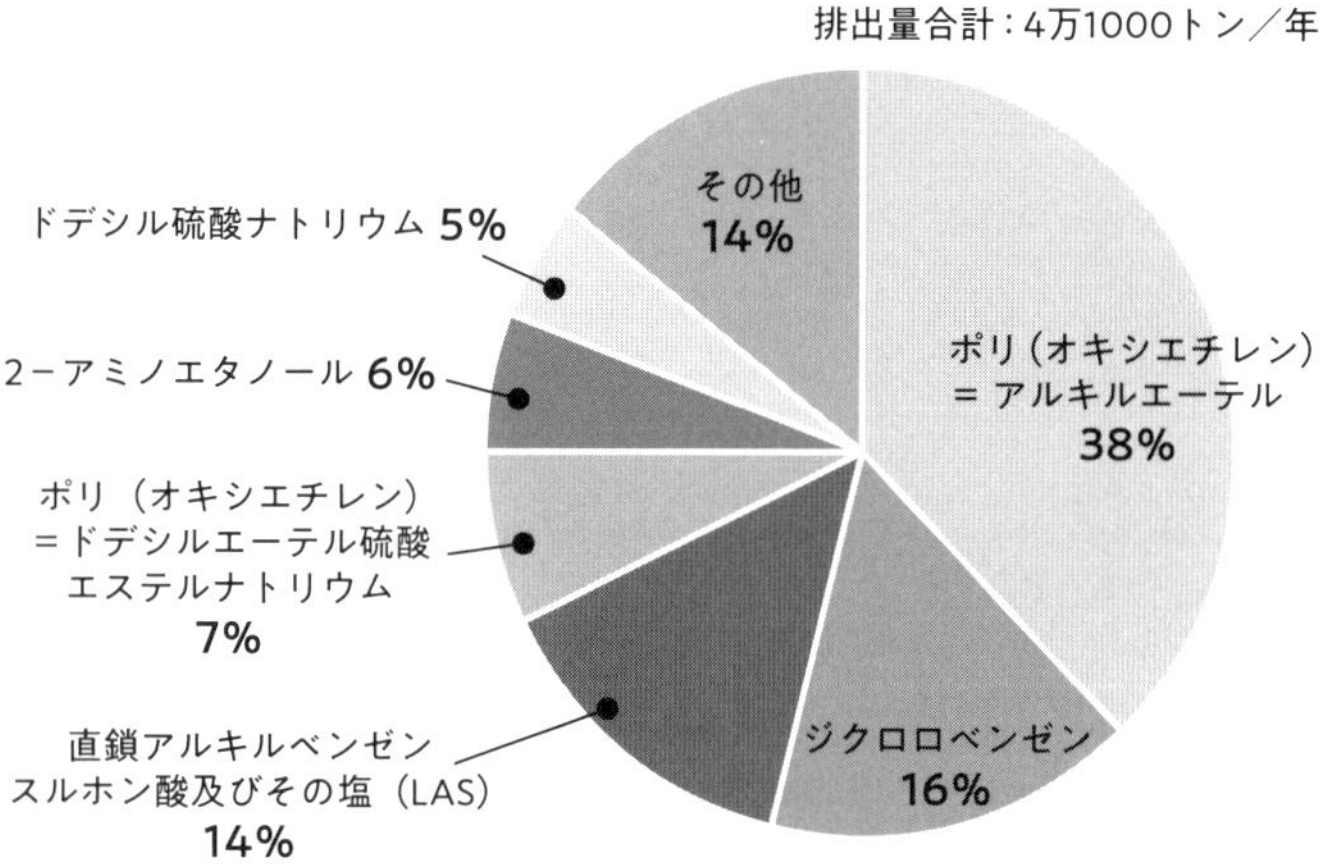

排出量の多い物質の主な用途

- ポリ（オキシエチレン）＝アルキルエーテル……合成洗剤（台所用、洗濯用）、化粧品のクリームやローションなど
- ジクロロベンゼン……衣類の防虫剤やトイレなどの防臭剤など
- 直鎖アルキルベンゼンスルホン酸及びその塩（LAS）……家庭の洗濯用合成洗剤
- ポリ（オキシエチレン）＝ドデシルエーテル硫酸エステルナトリウム……シャンプーの基材
- 2−アミノエタノール……家庭用・業務用の洗剤や洗浄剤の中和剤、金属腐食防止剤など
- ドデシル硫酸ナトリウム……家庭用の洗浄剤など

環境省「PRTR データを読み解くための市民ガイドブック」p.31 より作成

合成界面活性剤のリスク①　強力な汚れ落とし効果が皮脂を奪う

合成界面活性剤のリスクの1つ目は、その強力な汚れ落とし効果にあります。

台所用洗剤のTVコマーシャルで、カレーを作った後の鍋に水を張り、洗剤を垂らす場面を見たことがあるでしょうか。油分の浮いた液の中央に洗剤を一滴垂らすと、まるで魔法のようにパッと油の膜が破れ、汚れが落ちるのが一目瞭然で分かります。あの作用こそが、合成界面活性剤の力です。

少量でも効果的に汚れを落とす合成界面活性剤は、油脂やたんぱく質などの〝水だけでは落ちにくい汚れ〟に強いのが特徴です。その強力な作用が私たち人間の皮膚の健康に必要なものまで奪ってしまうことがあるのです。

人間の皮膚で、外的な刺激からカラダを守る役割をしているのが表面の角質層です。角質層の表面には皮脂腺があり、ここから皮脂が分泌されます。この皮脂が天然のクリームとして角質層を保護し乾燥から守ることで、肌の正常なバリア機能が保たれています。

しかし、このような合成界面活性剤を含む洗剤を使用していると、汚れとともに、皮膚表面の皮脂や角質層のたんぱく質まで落ちてしまいます。その結果、肌の乾燥がどんどん進み、肌荒れを引き起こす一因となります。

こうして一度、肌のバリア機能が崩れると、さらにそこから洗剤に含まれる刺激成分が皮膚の奥にまで浸透し、細胞の正常な機能が失われて重い皮膚障害につながる可能性もあります。それまではなんともなかった物質に対して刺激を感じたり、アレルギー反応を起こしたりする場合もあるのです。

実際に、一般の合成洗剤を使って毎日何度も食器洗いや洗濯をする主婦の方々にも、手湿疹（主婦湿疹）と呼ばれる手荒れに悩む人は少なくありません。

手湿疹は、単なる手荒れと見過ごすことができないつらい症状です。初期には皮膚の赤みやかゆみ、ブツブツした発疹などが現れます。ただの手荒れだと思って適切な治療をしないでいると、やがて皮膚が乾燥してはがれ落ちる、水疱ができてジュクジュクする、皮膚が厚く硬くなりひび割れる、指紋がなくなるといった症状が起こることもあります。湿疹が治らず何度も再発したり、化膿したりすると、生活に大きな支障が生じることもあるようです。

２０２０年からは、感染予防のために手洗いや手指消毒をする頻度が格段に多くなっていますから、主婦層だけでなく子どもなど幅広い年代で、手湿疹が広がっているという指摘もあります。

水仕事の後にハンドクリームを使って手湿疹対策をする人も多いですが、合成界面活性剤の使用を控えることで予防につながります。

合成界面活性剤のリスク② 物の表面に吸い付き、残留する

次に、合成界面活性剤のリスクの２つ目として、「残留しやすい」点があります。

17ページの界面活性剤の「汚れ落ちのプロセス」の図をもう一度、見てみてください。

合成界面活性剤の分子は、物の表面に吸着する性質があります。それによって付着した汚れをはがして落としますが、汚れを水ですすいだ後にも、洗ったものの表面には界面活

性剤がどうしても残ってしまいます。

過去には、洗濯用の合成洗剤を使って洗濯機で衣類を洗った場合、ふつうにすすぎをした後も合成界面活性剤が3分の1は残留していることが確認されました。

1990年代後半、大手洗剤メーカーがホームページに「水を無駄にしないすすぎ」についての解説をしていましたが、そこに掲載されていた「すすぎ方法と洗剤成分残留量」のグラフがあります。すすぎを始めた当初はすすぎの回数を増やすほど洗剤残留量も減りますが、ある地点からはどれだけすすぎを重ねても洗剤残留量が変わらなくなります。

これは、どれだけ大量の水ですすぎをしても、合成洗剤の成分を落とすことができないという意味であり、合成界面活性剤の残留性をよく示しています。

もちろん当時の洗剤と、今現在流通している洗剤類は完全に同じではありませんが、現在の洗剤類に使われている合成界面活性剤も、似たような性質をもっているのは事実です。

身近なところに残留している洗剤成分は、洗濯用洗剤だけではありません。台所用洗剤であれば食器類や調理器具、シンクなどにも合成界面活性剤が残っていて、それらに触れたり使用したりすることによって、知らないうちに合成界面活性剤を体内に取り込んでしまっている可能性もあります。

住居用洗剤や浴室用洗剤なども同様で、合成洗剤で掃除をした後のキッチンまわりやフローリング、浴槽などには合成界面活性剤が残っていて、そこに触れた皮膚から、あるいは手を介して口から洗剤成分がカラダに入っていることも考えられます。

体内に入った微量の洗剤成分の多くは自然に体外へ排泄されるといわれています。しかし、ごく一部は体内に蓄積され、生体の機能に影響を及ぼしているのではないかと考える研究者は今も少なくありません。

つまり、カラダの不調は残留した合成界面活性剤によって引き起こされている可能性があるのです。

アトピー性皮膚炎の原因にも

特に合成洗剤との関係を指摘されることが多いのが、アトピー性皮膚炎です。

アトピー性皮膚炎は、良くなったり悪くなったりを繰り返しながら、慢性的にかゆみや湿疹などが続くやっかいな皮膚疾患です。２０２０年6月8日の日本経済新聞によると、患者数は２００８年には約35万人でしたが、２０１７年には約51万人と、9年間で16万人も増加しています。

アトピー性皮膚炎の人は皮膚のバリア機能が低下しているといわれ、汗やほこり、衣類のこすれなど、ちょっとした刺激でも症状が悪化することがあります。合成洗剤で洗濯をした衣類に残った合成界面活性剤が刺激となり、アトピーの要因となることは容易に想像できます。

さらに、合成界面活性剤は水にも油にも溶ける性質があります。表面の皮脂を溶かすだけでなく、皮膚の細胞膜や細胞間にある脂質に溶け込んで内部に侵入していき、皮膚の奥深くで炎症などを引き起こしている可能性も考えられます。

洗濯用合成洗剤とアトピー性皮膚炎の関係については、電解水や水素の医療用使用の研究開発に特化しているＭｉＺ研究開発部（神奈川県鎌倉市）でも、調査を行っています。

皮膚科医の協力のもと、アトピー性皮膚炎の患者１２０人余りに協力を得て、身につける衣類や寝具等の洗濯で合成洗剤類を完全に不使用（洗剤の代わりに重曹電解水を使用。重曹電解水については１１４ページ参照）にしてもらったところ、９割以上の患者さんにアトピー性皮膚炎の大幅な改善や治癒がみられたと報告されています。

この研究の対象となった人は０歳の乳児から、20～30代の若い世代、70代の方まで幅広い世代の患者で、アトピー性皮膚炎と皮膚科で診断を受け、ステロイド外用薬などで治療を続けてきた方々です。

そうした患者たちが、衣類や寝具の洗濯で合成洗剤の使用を中止したところ、早い人では１週間、遅い人でも2カ月ほどで、皮膚の赤い湿疹や激しいかゆみ、組織液の滲出といった症状が軽減・消失していました。強いかゆみによってかき壊してしまっていた皮膚が回復し、健康な肌を取り戻した人もいます。

合成洗剤の添加剤にも注意

また近年は合成界面活性剤だけでなく、合成洗剤に含まれる他の添加剤にも注意が必要といわれています。

合成洗剤の添加剤には、さまざまなものがあります。洗濯用洗剤であれば洗剤カスの発生を抑えるための水軟化剤や洗浄作用を強める工程剤、洗ったものの色を白く見せる蛍光増白剤などがあります。

台所用洗剤でもコマーシャルなどで「除菌もできる」「手肌に優しい」「速乾」といったさまざまな機能がうたわれていますが、強い洗浄力を保ちながら、そうした便利な機能を実現するには、除菌剤やコーティング剤などの何種類もの添加剤が加えられています。

特に最近注目を集めているのが、こうした洗剤類に含まれている香料です。本来、衣類や住居の汚れを取り除き、清潔に暮らすためには特別な香りは不要です。

ところが２０００年代後半頃から、海外の洗剤類で体臭をカバーする香水のような、強い芳香を添加した洗剤の「香りブーム」が始まり、日本でも「香りがよく、長く持続する」洗剤類・柔軟剤が次々に発売されるようになっています。

こうした洗剤類に使われる人工香料は石油を原料に作られたものも多く、アレルギー作用を起こすものや、免疫機能などに影響を与えるものがあるといわれています。ヨーロッパでは、一部の人工香料はアレルギーを誘発するとして使用が制限されています。

またこれらの香料は香りがいつまでも残って持続することを目的としているため、より人体への影響が大きいと考える医師や研究者もいます。


こうした香りに対する嗜好や感受性は人によって異なるため、強い香りによって頭痛や吐き気、気分が悪くなるといった不快症状が起こることもあります。

国民生活センターでは、２０１３年頃からこうした他人の使用する洗剤や柔軟剤などの〝香害〟による被害を訴える声が増加しており、現在も継続して年間１３０～２５０件ほどの相談が寄せられているということです。

「化学物質過敏症」のリスクにもなる

このような合成洗剤に含まれる香料や合成界面活性剤などが、「化学物質過敏症」の発症・悪化に関与することもあります。

化学物質過敏症とは、生活のなかで化学物質に直接触れたり、空気中に漂う化学物質に晒されたりすることで、全身にさまざまな不調が起こるものです。

住宅の建材や塗料、接着剤から放散される揮発性有機化合物などが原因で起こる「シックハウス（シックビル）症候群」が有名ですが、それ以外にも農薬や殺虫剤、たばこ、印刷物、防臭・消臭剤、芳香剤、そして洗剤類や香料なども原因の化学物質になり得ます。アメリカなど先進国を中心に化学物質過敏症の患者は増加していますが、日本でも、子どもを含めると患者数は１００万人に上るとする報告もあります。

化学物質過敏症の症状は、本当に多岐にわたります。目の痛みや目のかすみ、目がゴロゴロする、鼻水・鼻づまりといった花粉症のような症状もありますし、耳鳴りや異臭がする、のどの痛みなどを感じることもあります。

ほかにも、せきやくしゃみ、ぜんそくのような呼吸器障害が起こることもありますし、下痢や便秘、吐き気などの消化器症状、湿疹やじんましんなどの皮膚症状もあります。筋肉痛や関節痛、肩こりといった筋肉・関節症状や、頭痛、不眠、記憶力・集中力低下といった神経系の症状が強く現れる人もいます。

ひどい場合は不調によって学校や職場に通えないなど、日常生活に大きな支障が生じることもあります。しかもそれが身の回りの化学物質による症状だとは周囲に理解されないことも多く、そういう意味でも化学物質過敏症の患者たちは大変な困難を抱えて生活しています。

合成洗剤や柔軟剤に含まれる香料は、よく香るように揮発性成分を含んでおり、使用量が多くなるほど揮発性成分も多くなることが報告されています。

洗剤類をはじめ身の回りに多種多様な化学物質が溢れる現代は、自分が好んで身につけている香りが、職場や学校などで化学物質過敏症の〝原因物質〟になっているかもしれないと、振り返ってみることも必要になっています。

残った洗剤成分を栄養に、カビや雑菌が繁殖？

合成界面活性剤のリスクの２つ目に挙げた「残留しやすさ」は、日々の掃除の手間という点でも問題があります。

合成洗剤を使ってキッチンや風呂場を掃除すると目立つ汚れは確かに落ちますし、掃除をした直後はすっきりしたように感じます。

しかし、前述したように合成界面活性剤は、ものに吸着する性質があります。いくら丁寧にすすいでも調理台やコンロまわり、シンク、浴槽などの表面には目には見えない微量の合成界面活性剤が残っています。合成界面活性剤の原料は、石油や動植物の油脂です。

一般家庭の中の水まわりのような温度・湿度が高い環境では、その油脂分を餌にして雑菌やカビなどが繁殖するとの指摘もあります。

水まわりをこまめに掃除しているつもりなのにすぐにカビが出てしまう、ヌルヌル・ベタベタした汚れがつきやすい、と感じたことがあるかもしれません。それは合成界面活性剤の残留が、一つの要因になっている可能性があります。

合成洗剤で掃除をして清潔にしているつもりが、逆にカビや雑菌を増やすことにつながっており、またそのカビやしつこい汚れを落とすためにカビ取り剤などのさらに強力な洗剤を使う――。これでは掃除の手間も合成洗剤の使用量もどんどん増える一方です。

そして強い洗剤ほど、高い洗浄力を作り出すために多くの合成界面活性剤やさまざまな添加剤が使用されていますから、健康への影響も残留性もより大きくなります。まさに悪循環です。

「石油系界面活性剤不使用」「無添加」などの表示にだまされない

それでは、こうした合成洗剤のリスクを避けるためには、家庭用の洗剤類をどのように選べばいいのでしょうか。

洗剤選びの手掛かりになるのが洗剤類の商品表示、商品のラベルです。

合成界面活性剤を含む合成洗剤は、品名に「台所用合成洗剤」「洗濯用合成洗剤」「浴室用合成洗剤」と表示されています。また成分として「界面活性剤（〇〇％、高級アルコール系〔非イオン〕）」などと記載があります。こうした表示のある洗剤類を減らしていくだけでも健康へのリスクを減らすことができます。

一つ注意してほしいのは、「石油系界面活性剤不使用」「無添加」といった表示のある洗剤製品です。こうした表示があると、いかにも〝人や環境に優しい〟イメージを受けますが、実際にはこれらの洗剤類も合成洗剤の一種だからです。

例えば、「無添加」を強調した洗濯用洗剤は、蛍光剤や漂白剤、着色料などの添加剤を使用していないというだけの意味です。主な洗浄成分は、一般的な洗濯用洗剤に使われている合成界面活性剤と同じものです。

ほかにも「自然派」「欧州で使われている」といったさまざまな表示で〝安全〟〝優しさ〟

を演出している製品がありますが、やはりほとんどが合成洗剤です。

耳障りのいいキャッチコピーや表示に惑わされず、商品表示をよく確認して選ぶようにすることをおすすめします。

また、合成洗剤と対比させて語られることが多いのが石けんです。市民団体などでも危険な合成洗剤の使用を控え、代わりに固形や液体の石けんを使用することを推奨しているところも多数あります。

石けんは、油脂（脂肪酸ナトリウム・脂肪酸カリウム）とアルカリ分（水酸化ナトリウム・水酸化カリウム）を原料とした〝天然の界面活性剤〟です。石油系などの合成界面活性剤に比べると人体や環境への影響は少ないと考えられています。

石けんは、商品表示の品名で「洗濯用石けん」「台所用石けん」と明記されています。成分の表記では「純石けん分（〇〇％脂肪酸ナトリウム）」といった表示になります。合成洗剤の代わりにこのような石けんを取り入れるのも一案です。

合成洗剤、石けんの表示例

石けんの表示例

品名	台所用石けん		
用途	食器・調理器具用	液性	弱アルカリ性
成分	純石けん分（28％ 脂肪酸カリウム）		

品名	洗濯用石けん（粉 or 固形）
成分	純石けん分（98％ 脂肪酸ナトリウム）

品名	洗濯用石けん		
用途	綿・麻・合成繊維用	液性	弱アルカリ性
成分	純石けん分（61％ 脂肪酸ナトリウム）、アルカリ剤（炭酸塩）		

品名	洗濯用石けん		
用途	綿・麻・レーヨン・合成繊維用	液性	弱アルカリ性
成分	純石けん分（40％ 脂肪酸カリウム、脂肪酸ナトリウム）		

合成洗剤の表示例

品名	台所用合成洗剤		
用途	野菜・果物・食器・調理用具用	液性	中性
成分	界面活性剤（16％ アルキルエーテル硫酸エステルナトリウム、アルキルアミンオキシド、脂肪酸アルカノールアミド）		

品名	台所用合成洗剤		
用途	野菜・果物・食器・調理用具用、スポンジ・プラスチック製まな板（除菌）	液性	弱酸性
成分	界面活性剤（36％ 高級アルコール系［陰イオン］、アルキルヒドロキシスルホベタイン、ジアルキルスルホコハク酸ナトリウム）、安定化剤、金属封鎖剤、除菌剤		

品名	洗濯用合成洗剤		
用途	綿・麻・合成繊維用	液性	弱アルカリ性
成分	界面活性剤（22％ 直鎖アルキルベンゼンスルホン酸ナトリウム、ポリオキシエチレンアルキルエーテル）、アルカリ剤（炭酸塩）、水軟化剤（アルミノけい酸塩）、工程剤（硫酸塩）、分散剤、蛍光増白剤、酵素		

品名	洗濯用合成洗剤		
用途	毛・綿・絹（シルク）・麻・合成繊維用	液性	中性
成分	界面活性剤（22％ ポリオキシエチレンアルキルエーテル）、安定化剤、柔軟化剤		

出典：神 聡子『危険な化学物質から子どもを守る暮らし方』p.82

ただし、石けんも界面活性剤の一種であるため、使い過ぎれば環境に負荷を与えます。また石けんカスが残りやすく、それが皮膚刺激になるという医師もいますし、冷水に溶けにくいといった使い勝手の問題もあります。

石けんならばどの製品をどれだけ使ってもいいというわけではなく、やはり長所・短所を理解し、適切な使い方を心掛ける必要があります。

毎日手肌に触れる洗剤こそ、良いものを選ぶ

これまで述べてきたような危険な合成洗剤に代わるものとして、この4～5年で急速に注目が高まっているものがあります。それが「ナチュラル洗剤」です。

ナチュラル洗剤という言葉には、現時点では決まった定義はありません。漠然と、自然由来の成分からなる洗剤、人や環境に優しい洗剤という意味で使われることもあるようです。しかし本書では「ナチュラル洗剤」を、次のような特徴をもつ洗剤類としてとらえています。

①危険な界面活性剤（特に石油系合成界面活性剤）を含まない洗剤
②人体にとって有害な影響の少ない洗剤
③地球環境への負荷が少ない洗剤
④比較的安価で、日常生活で誰もが手軽に使える洗剤

　こうした条件にかなうナチュラル洗剤として機能するのが、「重曹」「セスキ炭酸ソーダ」「過炭酸ナトリウム」「クエン酸」などです。

　重曹やクエン酸は、ジュースやお菓子の材料など、食品としても使われている安全性の高い物質です。セスキ炭酸ソーダは重曹と炭酸ソーダの化合物、過炭酸ナトリウムは炭酸ソーダと過酸化水素の化合物で、掃除に使う程度の量が人間やペットの手や口に触れたとしても、影響はほとんどありません。

　これらがなぜナチュラル洗剤といわれるのかといえば、合成洗剤に含まれる界面活性剤の、汚れに吸着して引き離し分散する働きとはまた異なるしくみで住居や食器、衣類など

の汚れ落としに役立つからです。

現代に生きる私たちは、合成洗剤を用いた掃除・洗い物にあまりにも慣れてしまっており、合成洗剤を使わなければ汚れが落ちないような錯覚に陥っています。

しかし汚れの性質そのものに着目すれば、界面活性剤に頼らなくても、汚れを落とす方法は他にもあります。

洗剤類は毎日家族の手肌に触れるものです。特に新型コロナウイルスの感染予防を心掛けている今は、以前よりも衛生管理のために洗剤類を使用する頻度も高くなっています。そうしたなかで赤ちゃんからお年寄りまで家族全員の健康を守るためには、正しい知識をもって、汚れを落とすだけでなく人体にも優しい、良い洗剤を選ぶことが重要になっているのです。

第１章のポイント

●洗剤の汚れを落とす効果は「界面活性剤」によるもの。特に石油などから合成される合成界面活性剤は、有害化学物質に指定されている。

●合成界面活性剤を含む合成洗剤は、高い汚れ落とし効果がある反面、皮膚の皮脂やたんぱく質まで奪い、肌荒れ、皮膚障害を起こすことがある。

●合成界面活性剤は、物に吸着して残留しやすい性質がある。残留した洗剤成分が皮膚や口から体内に入る可能性も指摘されている。

●合成界面活性剤を含む合成洗剤が、アトピー性皮膚炎や化学物質過敏症の一因になっていると考える医師や研究者は多い。

●感染症予防のために、入念な掃除・洗い物をする人が増えている今こそ、危険な合成洗剤の使用を減らし、カラダに優しい「ナチュラル洗剤」を選ぶことが重要。

第2章

重曹、セスキ、
過炭酸ナトリウム、クエン酸
カラダに優しいナチュラル洗剤とは

合成界面活性剤を含まないナチュラル洗剤

最近、子育て世代を中心に、重曹をはじめとした「ナチュラル洗剤」を生活に取り入れる人が多くなっています。赤ちゃんや幼い子どものいる家庭では、子どもの手や口に触れるものとしてより安全な洗剤類を選びたい、というニーズが強くなっているのを実感します。

ただ、これまで合成洗剤しか使ったことがない人がナチュラル洗剤を使いこなすには、ちょっとしたコツが必要になります。また、カラダに優しい洗剤は、汚れ落ちが悪いというイメージを持っている人もいるかもしれません。

しかし、ナチュラル洗剤を上手に使えば、合成洗剤にもひけを取らない汚れ落ちを実現できるのです。

ここ4～5年はテレビ番組やインターネットのウェブサイトでも、こうしたナチュラル洗剤を使った掃除・洗濯術などがよく取り上げられるようになっています。

今ではスーパーやドラッグストアでも、洗剤類の売り場には合成洗剤とともに、ナチュラル洗剤が多数並んでいます。大手ホームセンターでは、ナチュラル洗剤のコーナーが作られ、効果的な使い方を解説したパンフレットや動画などの情報発信をしているところもあり、ナチュラル洗剤を手に取りやすくなっています。

日本では古くから、木灰や茶殻など、身近なものを使った掃除法が行われてきた歴史があります。１９６０年代頃からは、そうした自然由来の洗浄剤がほぼ合成洗剤に置き換わってきました。

その後、食品（ベーキングパウダー）としても使われる重曹が、人体や環境に優しい「ナチュラル洗剤」として再び注目されるようになったのは、おそらく２０００年頃のことです。洗浄剤を扱うメーカーである私の会社は、合成界面活性剤の人体や環境への影響を懸念し、合成界面活性剤を使用しないナチュラル洗剤に、業界内でいち早く注目しました。そして、２００１年に重曹を用いた住居用掃除シートを国内で最初に開発・販売したのです。

住居用掃除シートの販売開始当初は、大手洗剤メーカーのように大々的なテレビＣＭを打つこともできず、一般の方々にナチュラル洗剤の良さを伝える機会が、なかなかありませんでした。

そうした時代からすると、ナチュラル洗剤が注目され、実際に使用する人が増えている昨今の状況は、人びとの健康や環境を守るという点でも喜ばしいことです。また私の会社が掲げてきた「合成界面活性剤を使わない製品」という方針が間違っていなかったことをあらためて確認しています。

4つのナチュラル洗剤
——重曹、セスキ、過炭酸ナトリウム、クエン酸

現在、ナチュラル洗剤としてよく取り上げられているものに、次の4種類があります。

①重曹
②セスキ炭酸ソーダ
③過炭酸ナトリウム（酸素系漂白剤）

④クエン酸

界面活性剤の作用によって汚れを落とす合成洗剤に対して、この４つのナチュラル洗剤に共通しているのは、「アルカリ」や「酸」の力で汚れを落とすということです。

アルカリ性・酸性という言葉は、皆さんも理科の授業で習ったことがあると思います。リトマス試験紙（ｐＨ試験紙）という小さい紙を何かの溶液につけて、青い色が濃くなるほどアルカリ性が強く、赤い色が濃くなるほど酸性が強い、という実験をしたことがある人も多いでしょう。

アルカリや酸の強さを表したものが、ｐＨ（ピーエイチ、またはペーハー）です。ｐＨは、アルカリや酸の濃度（水素イオン濃度）を０～14の数値で表したもので、中性がｐＨ７、それより数値が大きいものがアルカリ性で、数値が大きくなるほどアルカリ性が強くなります。反対に７より小さいものが酸性であり、数値が小さくなるほど酸性が強くなります。

ナチュラル洗剤の４種類のうち、①重曹と、②セスキ炭酸ソーダ、③過炭酸ナトリウムは水に溶かすとアルカリ性となります。最もアルカリ度が低いのが重曹で、重曹よりも少しアルカリ性が高いのがセスキ炭酸ソーダ、この中で最もアルカリ性が強いのが過炭酸ナトリウムです。最後に挙げた④のクエン酸だけは、その名称にも酸の文字が入っているように酸性の性質をもっています。

４つのナチュラル洗剤をｐＨ表に並べると55ページのようになります。

暮らしの中の汚れの種類と性質

私たちの暮らしの中には、さまざまな汚れがあります。

毎日身につける衣類のほか、住居の中だけでも実に多種多様な汚れがあります。玄関には靴についた砂や泥汚れがつきますし、床にもほこりやちり、髪の毛、食べ物のカスなどがたまります。テレビや照明などの電化製品には細かいほこりが吸い寄せられてつきやすく、扉やスイッチまわりなど家族が手を触れる箇所は、手垢で少しずつ汚れていきます。

掃除が大変な箇所の代表ともいえるキッチンまわりでは、さらに汚れの種類が多く、複雑です。シンクや蛇口などの水まわりには水垢のくもりやぬめりが出やすいですし、コンロまわりや換気扇は、毎日掃除をしないと油汚れでギトギトになります。トイレの手洗いボウルや便器のフチ裏、洗面所や浴室の蛇口や鏡の水垢など、上手に掃除をしなければ嫌な臭いやカビ、雑菌が増えることもあります。

こうした暮らしの中のさまざまな汚れを、合成界面活性剤に頼らずに落とすためには、汚れの種類と性質をよく理解し、それぞれに適した対処をすることが不可欠です。

家の中の汚れは、まず「洗剤不要の汚れ」と「洗剤を必要とする汚れ」の2つに大別できます。

最初の「洗剤不要の汚れ」とは、洗剤を使わなくても簡単に落とせる汚れです。砂やほこり、ちりなど、ほうきやブラシ、掃除機で簡単に取り除ける汚れもその一つです。また水洗いだけですぐに落ちるものも洗剤不要といえます。

次の、「洗剤を必要とする汚れ」は文字どおり、洗剤を使わなければ落ちにくい汚れです。

洗剤が必要な汚れは、さらに食用油や人の皮脂などの「油分やたんぱく質の汚れ」と、金属や鏡などにつく「水垢などの汚れ」の2種類に分けることができます。

このうち「油分やたんぱく質の汚れ」は水を含んだときに弱い酸性を示す汚れです。このような酸性の汚れは、重曹やセスキ炭酸ソーダなどのアルカリ性の洗剤を使うと効果的に落とすことができます。反対に「水垢などの汚れ」はアルカリ性になります。これは酸性の洗剤、本書でいえばクエン酸が得意とする汚れです。

まずは次の原則を覚えておくと、汚れに適した洗剤を迷わずに選ぶことができます。

【汚れの性質と、洗剤の関係】

・酸性の汚れ（油分やたんぱく質の汚れ）

↓アルカリ性の洗剤（重曹、セスキ炭酸ソーダ、過炭酸ナトリウム）で落とす。

・アルカリ性の汚れ（水垢などの汚れ）

↓酸性の洗剤（クエン酸）で落とす。

汚れ① 油分やたんぱく質の汚れ

ナチュラル洗剤のpH表と酸性・アルカリ性の関係

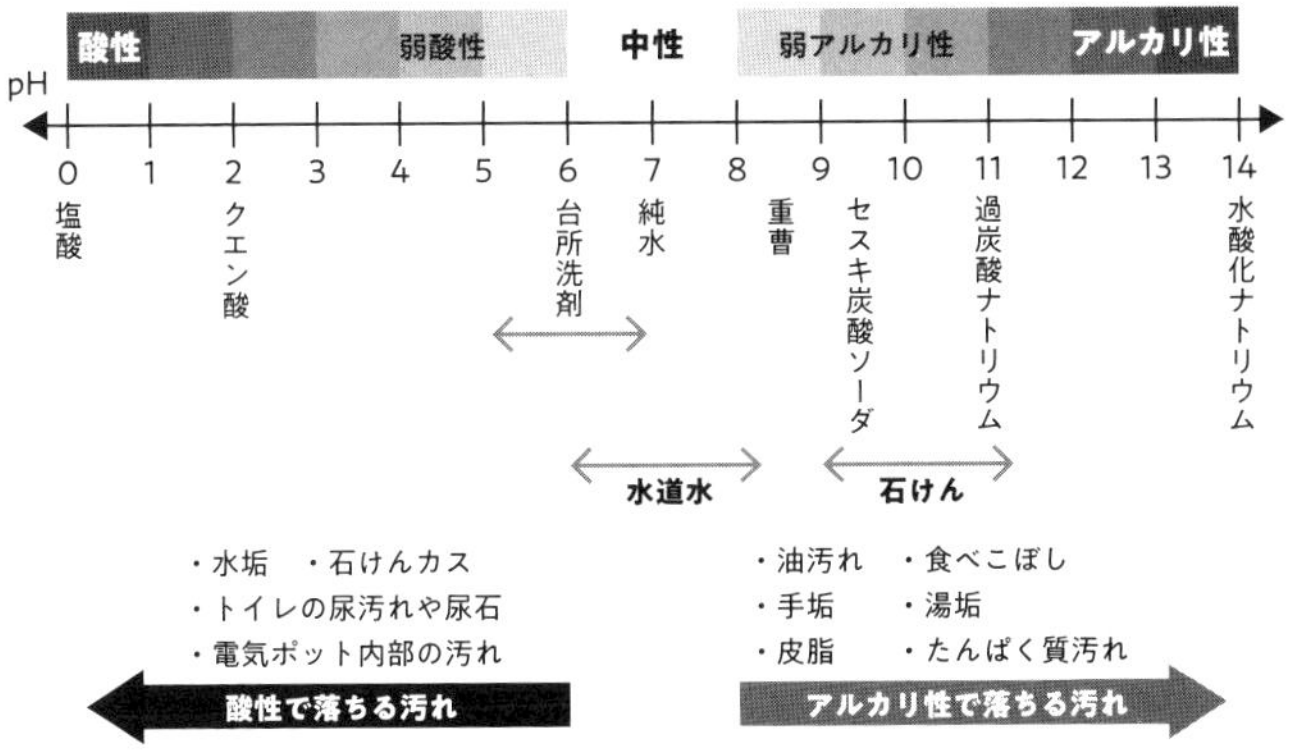

※主に使用する時の濃度を目安としたおおまかなpHです。

木曽路物産HP「重曹って何だろう？　クエン酸って何だろう？」より作成

住まいの汚れのほとんどがこれ。アルカリ分によるケン化・乳化で落とす

油分やたんぱく質を含む汚れとは、具体的には次のようなものです。

〈リビング・ダイニング〉

テーブルまわりの食べこぼしや調味料の汚れ、ソファーや家具などの皮脂汚れ、スイッチ類やリモコン・ドアノブ・壁紙等の手垢、窓やサッシの汚れ　など

〈キッチン〉

食器や調理器具の汚れ、調理台・コンロまわり・換気扇の油汚れ、電子レンジ庫内の汚れ、冷蔵庫内の汚れ　など

〈トイレ・洗面所・浴室〉

衣類についた皮脂汚れや食べこぼし、湯船、洗面器などについた湯垢、洗面所やトイレ内の皮脂汚れ　など

油分やたんぱく質というと、食べこぼしやキッチンの食用油の汚れを想像するかもしれませんが、それだけではありません。実は、住まいの汚れの大半はこの「油分やたんぱく質を含む汚れ」です。

理由の１つ目は、私たち人間のカラダから日々汗や皮脂を含む汚れが出ているからです。髪の毛やフケ、古い角質などは落ちてすぐに掃除をすれば、洗剤を使わなくても除ける汚れです。しかし部屋の隅などにたまっていると、時間とともにほこりやちり、湿気を吸着してこびりつき、不快な汚れになります。また人がよくいる場所、よく触れる場所には、汗汚れ・皮脂汚れが少しずつたまっていき、やはり時間とともに落ちにくい汚れになります。

油汚れが多い理由の２つ目は、家庭内で調理をするときに食用油の油煙が室内に広がる

ためです。調理時に換気扇をつけていれば油煙の多くは外に排出されますが、それでもごく微細な油の粒子が室内に飛散します。

特に最近の流行のオープンキッチンのような間取りでは、キッチンだけでなく、リビングにも油煙による汚れが広がっているケースが少なくありません。ベタベタした油汚れがリビングの壁紙や照明、家電、窓などの表面につき、そこにほこりがついて薄黒い油膜のようになっていることもよくあります。

こうした人の皮脂や食用油は、脂肪酸の一種で弱酸性です。

そこにアルカリ性のナチュラル洗剤を加えると、ケン化・乳化という反応が起こります。これは簡単にいえば、天然の界面活性剤である石けんができるということです。これによって油汚れが水に溶けやすくなり、簡単に除去できるようになるのです。

またアルカリ分には、脂質やたんぱく質を分解する作用もあります。油汚れ用の強い合成洗剤（強アルカリ）を手でうっかり触るとヌルヌルすることがあります。これは手の表面のたんぱく質が溶けているからです。

つまりアルカリ性のナチュラル洗剤の基本的な作用は、アルカリ分が油を水に溶けやすくするとともに、油やたんぱく質を分解し、汚れを落としてくれるということです。

なお、油汚れでもコンロや換気扇の時間が経ってこびりついた汚れは、表面がガチガチに固まり、弱いアルカリ剤では除去できないこともあります。こうした汚れは「つけ置き」で時間を掛けるか、より強いアルカリ剤を使って汚れ表面の分子の結び付きを切ることで、汚れ落としが可能になります。

汚れ② 水垢などの汚れ

水まわりに発生。こびりついた汚れを酸の力で溶かす

住まいの汚れの中でもやっかいなのが、金属に付く水垢のような汚れです。シンクや蛇口のような金属、鏡などに固くこびりつき、通常の合成洗剤ではなかなか落ちないのが特徴です。

水垢と性質が近い汚れは、次のようなものです。

〈キッチン〉

シンク・蛇口の水垢、電気ポット内や食洗機内部の水垢　など

〈トイレ・洗面所・浴室〉

洗面所の蛇口や鏡、トイレの手洗い、浴室の蛇口・鏡・シャワーヘッドなどに付く水垢、便器に付いた尿石、石けんカス　など

浴室の鏡や蛇口、ガラスなどにつく白いウロコのような水垢は、水道水に含まれるカルシウムやマグネシウムなどのミネラル分（金属イオン）が変化し、固まったものです。清掃・洗浄業界では「スケール（鱗）」「金属汚れ」と呼ぶこともあります。

水垢を防ぐには、蛇口まわりなどに水分が残らないよう、水を使うたびにしっかりとふいておくことです。しかしキッチンや洗面所、浴室、トイレなど毎日水を使う場所では、水分を完全にふき取るのは困難なため、水垢を100％防ぐのは難しいのが現実です。また水垢は小さな結晶にさらにミネラル分が付着して大きくなり、時間が経つほど厚く頑固な汚れになります。長年にわたって水垢が堆積すると、蛇口の根元などに浸食し、金属を

傷める原因にもなります。

水垢はアルカリ性の汚れに分類できますから、これを落とすには酸性の洗剤が有効に働きます。水垢に酸を加えると、酸が金属分子と結び付き、水に溶けやすい性質に変化します。この性質をキレートといいます。これによってアルカリ性洗剤では落ちない水垢が、容易に落ちるようになります。

ほかに、電気ポットや食洗機の内部に付く白っぽい汚れも同じような性質の汚れです。

さらに便器のふちにこびりついた尿石は、尿の中に含まれるカルシウムなどのミネラル分が固まったものですから、水垢と同様に酸性のナチュラル洗剤で落とすことができます。

また洗濯用などの石けんにカルシウムやマグネシウムが結合し、水に溶けなくなったものを石けんカス（金属石けん）といいます。これが浴室の隅や洗濯槽の間などに残り、黒カビの原因になることがあります。こうした石けんカスを取り除くときにも、酸性の洗剤が効果的です。

4つのナチュラル洗剤の特徴及び得意・不得意一覧

	重曹	セスキ 炭酸ソーダ	過炭酸 ナトリウム	クエン酸
液性	かなり弱い アルカリ性	弱アルカリ性	弱アルカリ性	酸性
水への 溶けやすさ	× （湯なら○）	○	△	○
いちばん効果を 発揮する温度	40度前後	特になし	40～60度	特になし
研磨	○	×	×	×
消臭 （臭いの原因）	△ （酸性）	△ （酸性）	△ （雑菌・酸性）	△ （アルカリ性）
除菌・漂白	×	×	○	×
特徴	住居内の幅広い 汚れに	しつこい油汚れに 効果的	ぬめりや 黒ずみなどを 除菌・漂白	うろこのような 水垢に
得意・不得意一覧				
油汚れ	○	○	○	×
ガスコンロ・ IHコンロ				
排水口				
冷蔵庫・ 電子レンジ	○	○	×	△ （製氷ルート）
換気扇フード	○	○	○ （アルミ製品不可）	×
水垢	×	×	×	○
カビ・雑菌	×	×	○	×
浴室	○	○	○ （小物・風呂がま）	○ （鏡・プラ製品）
洗面台	○	○	×	○
トイレ	○	○	○ （輪ジミ）	○ （尿石）
フローリング	○	○	×	×
クロス （手垢汚れ）				
衣類の洗濯	△ （湯に溶いて使用）	○	○	△ （仕上げ）

本橋ひろえ『ナチュラルおそうじ大全』p.70、71より作成

汚れを効果的に落とす4つの要素

汚れと洗剤の性質と併せて、効果的な掃除のために知っておいていただきたいのが、汚れを落とすための４要素です。

・洗剤（chemical）

汚れの性質に合った洗剤・洗浄成分を使い、化学的な作用で汚れを落とすものです。水洗いや物理的な力だけでは落ちない汚れは、化学の力で落とす必要があります。

・物理的な力（agitation）

こする、削る、かき取る、たたく、もむといった物理的な力を指します。手や布、ほうき、ブラシ等の道具などを使い、汚れを物理的な力ではがして取り除きます。

・時間（time）

しつこい汚れは洗剤液につけ置き等をし、時間をおくと落ちやすくなります。また反対に汚れが付着してから時間が経つほど、汚れは落ちにくくなります。

・温度（temperature)

油汚れは水よりお湯の方が落ちやすいなど、汚れの種類や洗剤成分によっては温度も汚れ落ちに関係することがあります。

ナチュラル洗剤は、合成界面活性剤の代わりにアルカリや酸を使うわけですが、化学の力で汚れを緩ませておけば、スポンジやブラシでこする、布やシートでふき取るなど物理的な力を少し加えるだけで簡単に汚れが落ちます。

また、しつこい汚れにはナチュラル洗剤への「つけ置き」や、キッチンペーパーなどで「洗剤パック」をして時間をおくと、汚れが浮いて落としやすくなります。ナチュラル洗剤も温度によって洗浄成分がよく働くものがあります。普段の掃除ではそれほど難しく考える必要はありませんが、頑固な汚れを落とす際などは参考にしてください。

ナチュラル洗剤① 重曹

家中の掃除に使える、用途の広いナチュラル洗剤

・名称……重曹（炭酸水素ナトリウム、重炭酸ソーダ）
・pH……8・2（弱アルカリ性）
・特徴……弱いアルカリ性のため、安全に室内各所の掃除に使える。手肌に優しい。
・注意点……アルミ製品や銅、真鍮に使うと変色することがある。漆器や皮革製品、絹製品には使用できないほか、表面加工した家具、金属の塗装面なども注意が必要。

重曹は、ナチュラル洗剤の中でも古くから使用されてきた、ポピュラーなものです。重曹の特徴は、前述したように食品（ベーキングパウダー）としても使用されているほど安全性が高いこと、手肌にも優しく、幼い子どもやペットのいる家庭でも住居内の普段の掃

除に幅広く使用できるといった点です（ただし掃除用の重曹は、食用にできないことが多いので表示をよく確認してください）。

　重曹は、住まいの掃除にさまざまな使い方ができます。ただ手肌に優しいといっても、重曹水のようなアルカリ性溶液に長く触れていると手の皮脂が奪われます。肌の弱い人や、時間を掛けて掃除をするときには手袋を使用するといいでしょう。

◆重曹活用①　水に溶いて「重曹水」として使用

　重曹を水に溶かせば弱いアルカリ性の溶液になり、住居用洗剤として使うことができます。重曹水をスプレー容器に入れて吹き掛ければ、床やキッチンまわり、壁紙などの日頃のふき掃除に活用できます。

　重曹水の作り方は、水５００㎖に重曹大さじ1を加えてよく溶かします。重曹は水だけだと溶けにくいので、水にお湯を足して40度くらいにして溶かすといいでしょう（熱湯に重曹を加えると強アルカリの炭酸ナトリウムになり、吹きこぼれるので注意してください）。

重曹水の作り方、重曹パック

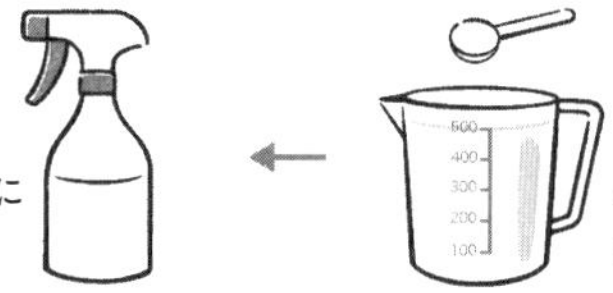

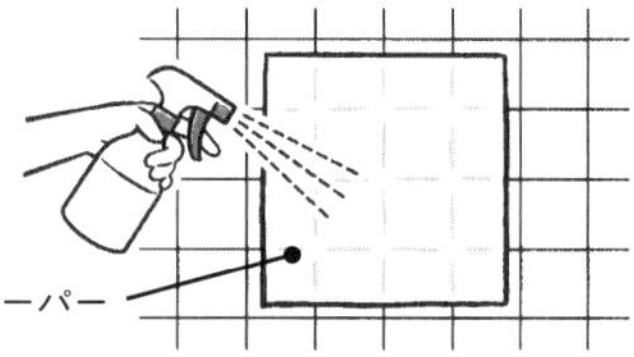

重曹水の重曹の割合を多くすると、それだけ汚れ落ちがよくなりそうと思うかもしれませんが、重曹を多く入れ過ぎると乾いたときに白い粉が浮き出て、二度ぶきが必要になります。日常的なふき掃除には、先の割合の重曹水で十分です。

また、頑固な油汚れには、キッチンペーパーなどにこの重曹水を含ませて貼っておく「重曹パック」をするのもおすすめです。パックをして10分ほど時間をおくと、頑固な汚れが緩んでするりと落とせるようになります。

ただし換気扇フィルターなどの金属の塗装面は、重曹パックで塗装がはがれることがあります。パックをする前に製品の使用上の注意等を確認し、アルカリ性洗剤が使用できない製品は重曹パックを避けるようにしてください。

〈重曹水の掃除ポイント〉

・キッチンの油汚れ全般のふき掃除
・冷蔵庫、電子レンジの庫内のふき掃除
・ダイニングテーブルのふき掃除
・床、フローリングのふき掃除（白木などの水拭きできない素材は不可）
・壁紙、スイッチ、家電などの手垢汚れのふき掃除
・ドアや窓の手垢汚れのふき掃除
・コンロまわり、魚焼きグリル、換気扇などの頑固な油汚れの掃除（重曹パック）

◆重曹活用②　粉のままクレンザーとして使用

重曹は粉末のまま使うこともできます。冷たい水には溶けにくい性質のため、重曹の粒

子がクレンザーの研磨剤のように働き、汚れをかき落としてくれます。

シンクなどの広い場所であれば、重曹を適量そのまま振り掛けて、スポンジなどで軽く磨くとくもりが取れてすっきりします。急須や湯のみなどの茶渋汚れには、水をふくませたスポンジに重曹を適量つけて茶渋のついた箇所を磨きます。

ほかにトイレの便器内部や浴槽の掃除の際、重曹を粉のまま軽く振り掛け、その後にスポンジやブラシで掃除をすると、研磨作用とアルカリ洗剤の作用の相乗効果で汚れをすっきりと落とすことができます。

〈重曹クレンザーの掃除ポイント〉

- シンクやガラス製品のくもり取り
- 急須や湯のみ茶碗、コーヒーカップなどの茶渋落とし
- 便器内部、浴槽の掃除

◆**重曹活用③　発泡作用を活かして焦げ落とし**

重曹水は、加熱するとぶくぶくと発泡します。この泡にはこびりついた汚れをはがしてくれる作用があります。うっかり鍋を焦がしてしまったときは、鍋に水を入れて重曹を加えて煮立てます。その後、火を消して数時間放置しておくと、泡の力で焦げ付き汚れが浮かび上がります。あとはスポンジで軽くこすり、洗い流せばＯＫです。

◆**重曹活用④　酸性汚れの臭いを除く消臭作用**

重曹は、油脂やたんぱく質などの酸性汚れの臭いを消臭する作用もあります。手持ちの適当な容器に重曹を入れ、フタをせずに冷蔵庫や下駄箱などに入れておくと、雑菌などの嫌な臭いを消してくれます。途中でときどきかき混ぜながら2～3カ月は使用が可能です。消臭剤として使い終わった重曹は、また洗剤として再利用できます。

ナチュラル洗剤② セスキ炭酸ソーダ

重曹よりもアルカリ度が高く、しつこい油汚れにも効果的

・名称……セスキ炭酸ソーダ（セスキ炭酸ナトリウム、アルカリウォッシュ）
・pH……9・8（弱アルカリ性）
・特徴……アルカリ性が強く、しつこい油汚れやたんぱく質汚れを分解、除去する。
・注意点……アルミ製品や銅、真鍮、漆器、皮革製品、絹製品には使用できないほか、表面加工した家具、金属の塗装面なども注意が必要。

ナチュラル洗剤の中でも最近になって注目が高まっているのが、セスキ炭酸ソーダです。これは重曹と炭酸ソーダを1対1で混合したものです。工業用の洗浄剤としては、ウールや木綿などの繊維の洗浄に用いられていて、100円ショップやドラッグストアなどでも

購入できます。

セスキ炭酸ソーダは白くサラサラとした粉状で、重曹と同じくアルカリ性のナチュラル洗剤ですが、重曹よりもアルカリ度が高く、油汚れやたんぱく質汚れといった酸性の汚れを強力に分解します。

またセスキ炭酸ソーダは冷たい水にもよく溶けます。重曹のように水に溶いて汚れにスプレーをするほか、しつこい汚れに対してセスキ水パックをする、つけ置きするといった使い方ができます。

ほかに粉のまま洗濯洗剤として使えば、シャツの襟や袖口などの衣類に染み付いた皮脂汚れを洗い流してくれます。

ただし、重曹よりもアルカリ性が強いため、セスキ水を掃除等で使用するときは手袋を着用しましょう。

◆セスキ活用①　水に溶いて「セスキ水」として使用

セスキ水の作り方は、水５００㎖に対し、セスキ炭酸ソーダ５ｇ（小さじ１）を入れ、

セスキ水の作り方、セスキ水パック

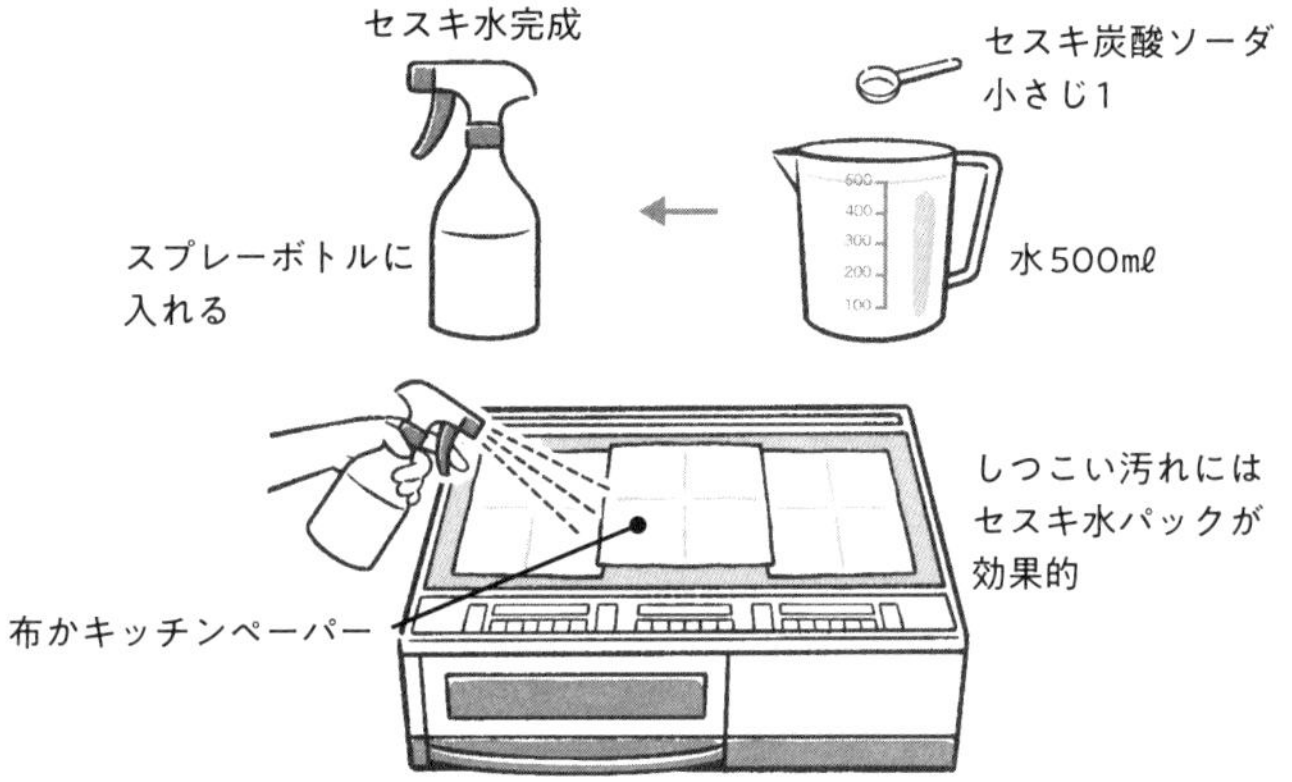

よく溶かします。

　セスキ水をスプレー容器に入れてキッチンの油汚れに吹き付け、布やキッチンペーパーなどでふき取ります。壁のクロスに付いた手垢やたばこのヤニ汚れなどもセスキ水を吹き付けてからふくとすっきりします。

　換気扇の部品や五徳などのしつこい汚れには、容器にセスキ水を入れて10分ほどつけ置きをするか、セスキ水パックをすると効果的に汚れが落ちます。

〈セスキ水の掃除ポイント〉

・キッチンのしつこい油汚れのふき掃除

・換気扇の部品、五徳などはセスキ水につけ置き、またはセスキ水パック
・壁のクロスの手垢汚れ、ヤニ汚れ等のふき掃除

◆セスキ活用②　粉のまま洗濯洗剤としても使用可能

衣類の洗濯に使うときは、水30ℓに対し、セスキ炭酸ソーダ15ｇ（大さじ1）が目安です。粉のまま洗濯機に入れて使うことができるので、洗剤の投入口に入れるか、注水した後に溶かし入れてください。

血液などの落ちにくい汚れには、同じ割合のセスキ水につけ置きしてから洗うといいでしょう（衣類の変色等を避けるには濃い目のセスキ水を作り、目立たないところで確認をしてから使用すると安心です）。

ナチュラル洗剤③　過炭酸ナトリウム

衣類やキッチン小物の除菌・漂白に威力を発揮する

- 名称……過炭酸ナトリウム（過炭酸ソーダ、酸素系漂白剤）
- pH……10～11（弱アルカリ性）
- 特徴……アルカリ性が強く油汚れを落とす力が強い。衣類や日用品の除菌・漂白・消臭にも使用できる。
- 注意点……絹やウール、色落ちしやすい布製品には使用しない。漆器やステンレス以外の金属製品、金属を含むボタン、ファスナー、バックルなどにも注意。

過炭酸ナトリウムは、炭酸ナトリウム（炭酸ソーダ）と過酸化水素を混合したものです。

一般には酸素系漂白剤とも呼ばれ、洗濯用・台所用の漂白剤としても使用されています。

過炭酸ナトリウムは、炭酸ナトリウムのアルカリ洗剤としての力と、過酸化水素による除菌・漂白作用を併せもつのが特徴です。

過酸化水素とは、活性酸素の一種です。雑菌や色素などを酸化させて破壊することで、除菌・漂白をします。３％前後の過酸化水素水は、オキシドール（オキシフル）と呼ばれる医療用消毒剤としても使用されます。

家庭用の漂白剤には、次亜塩素酸ナトリウムをはじめとした塩素系漂白剤もありますが、塩素系は漂白作用が強いため、衣類の色柄物には使用できません。酸素系漂白剤である過炭酸ナトリウムは、それよりも作用が穏やかなため、色柄の付いた衣類や日用品の除菌・漂白にも幅広く活用できます。使用した後は無害な炭酸ナトリウムと水、酸素に分解されるため、環境への負荷も少ないのが特徴です。

使い方としては、水や40～50度ぐらいのお湯に過炭酸ナトリウムの粉末を入れて溶き、除菌・漂白したいものをつけ置きします。雑菌によってぬめりが出やすい浴室の洗面器や風呂椅子なども、つけ置きでさっぱりと洗浄できます。

ほかに、粉末をそのまま使う方法もあります。排水口に粉末を振り入れて水を注げば除菌・消臭になります。衣類の洗濯でも、過炭酸ナトリウムを日常的に使っていると、洗濯槽の洗浄やカビ予防にもつながります。

過炭酸ナトリウムを使用するときは、手荒れをしやすい人はやはり手袋を使用しましょう。また熱湯を加えない（吹きこぼれる）、お湯と混ぜるときに密閉容器を使用しない（容器破裂の恐れ）、塩素系漂白剤と混ぜない（有毒ガスが発生）といった点に注意してください。

◆過炭酸ナトリウム活用①　キッチン小物の除菌・漂白・消臭に

衛生管理に特に気をつけたいキッチン小物の除菌や漂白・消臭に、過炭酸ナトリウムが効果的です。

お湯２ℓに過炭酸ナトリウム10ｇ（小さじ２）を溶かします。

ふきんや食器、スポンジ、調理器具などの小物はそこに30分ほどつけ置きした後、よく水ですすぎます。まな板はふきんやキッチンペーパーでくるみ、過炭酸ナトリウム溶液を

キッチン小物の除菌・漂白・消臭方法

注いでパックするといいでしょう。

湯呑や急須、カップ、水筒内などの茶渋汚れもこのつけ置きできれいに取れます。

◆過炭酸ナトリウム活用②　浴室用品をまとめて除菌・漂白

浴室用品の除菌・漂白にも過炭酸ナトリウムを活用できます。浴槽に半分くらいお湯をはり（100ℓ目安）、過炭酸ナトリウムを250g入れて溶かします。そこに風呂椅子や洗面器、浴槽のフタなどをつけます。30分ほどおいてその後、水ですすぐと、ぬるぬるとした汚れがきれいに取れます。

浴槽に湯が残っていれば使うこともできま

すが、40度くらいある方が過炭酸ナトリウムの作用がよく働きます。水温が低いときは、追いだきをして水温を上げてから使用すると効果的です。

◆過炭酸ナトリウム活用③　粉のまま使い、排水口のぬめり取り

キッチンや洗面所、浴室の排水口まわりにぬめりが出たり、嫌な臭いがしたりするのは雑菌・カビによるものです。排水口は油脂やたんぱく質という栄養分と水分が豊富なため、特に暖かい季節には雑菌やカビが繁殖しやすくなります。過炭酸ナトリウムを使い、こまめに掃除しましょう。

排水口に過炭酸ナトリウムを粉末のまま１００gほど振り入れ、コップ１～２杯のお湯をゆっくり注ぐと、泡が立って汚れを浮かします。そのまま15～20分ほど時間をおいた後、多量のお湯か水を一気に流します。

これを週に１～２回、定期的に行えばかなり雑菌やカビ、臭いを抑えられますが、排水パイプの内部まで掃除したいときは、重曹とクエン酸を使った掃除法も参考にしてください（86ページ参照）。

◆過炭酸ナトリウム活用④　普段の洗濯、衣類のしみ抜き

衣類の洗濯やしみ抜きにも、過炭酸ナトリウムは使えます。

普段の洗濯では、水30ℓに、過炭酸ナトリウム10〜20g（大さじ1〜1・5）を入れて洗濯をスタートします。粉末のままでもいいですが、溶け残りが心配なときはぬるま湯に溶いてから入れるといいでしょう。染み付いた汗や皮脂などの汚れも漂白され、臭い発生の予防にもなります。

衣類に付いた食べこぼしや調味料などの酸性汚れのしみを取りたいときは、お湯3ℓに20g（大さじ1〜1・5）の過炭酸ナトリウムを溶き、つけ置きをします。つける時間は汚れの種類や程度にもよりますが、30分〜1時間が目安です。色柄ものの衣類は、2時間以上はつけないようにしましょう。

◆過炭酸ナトリウム活用⑤　洗濯槽を丸ごと除菌して清潔に

洗濯機の内部、特に洗濯槽の裏側は、普段は目に触れませんが意外に雑菌やカビが繁殖しています。その雑菌が洗濯のときに衣類やタオルなどにも付着し、生乾きのときの嫌な臭いの原因になることもあります。定期的に過炭酸ナトリウムを使って洗濯槽を除菌・漂白しましょう。

洗濯槽が縦型の洗濯機では、最高水位までお湯を入れ、過炭酸ナトリウム500gを投入します。ドラム式では、お湯を入れられる高さまで入れ、過炭酸ナトリウム200gを入れます。3分ほど洗濯機を回して止め、その後1~2時間おきます。汚れが浮き出てきたら排水し、水で洗濯槽の内部をすすいで終了です。汚れがなくなるまで、数回すすぎを行いましょう。

「槽洗浄」といった洗濯コースがある洗濯機では、そのコースを使って洗剤の代わりに過炭酸ナトリウムを投入し、洗うこともできます。

ナチュラル洗剤④　クエン酸

水垢などのミネラル分の汚れに、大活躍するナチュラル洗剤

・名称……クエン酸
・ｐＨ……２（酸性）
・特徴……蛇口や鏡の水垢や電気ポット内部のミネラル汚れなど、アルカリ性の汚れを除去する作用が高い。
・注意点……使用後は、酸が残らないようにすすぎやふき取りが必要。鉄や銅、真鍮、アルミなどの金属には使用できない。大理石に使用すると酸で溶けてしまう。

クエン酸とは、かんきつ類や梅干しなどの酸味の基になっている酸です。

前述したようにナチュラル洗剤の中で唯一、酸性の洗浄剤として使えるのがクエン酸です。クエン酸を水に溶くと酸性になるので、水垢などのアルカリ性の汚れを溶かして除去

することができます。

酸がアルカリ性の汚れを落とすということでは、クエン酸と同じくらいの酸性度であるお酢（食酢）にも同様の作用を期待できます。ただお酢はツンとした独特の臭いがあり、掃除に使うと臭いが気になるという声も少なくないようです。その点、クエン酸は無臭ですので、住まいの各所の掃除にも使いやすいのが特徴です。


クエン酸の使い方もやはり大きく二つあります。

一つはクエン酸の粉末を水に溶いて、クエン酸水として使用すること。蛇口などの水垢には、スプレー容器でクエン酸水を吹き付けて、汚れを溶かすと落ちやすくなります。頑固な水垢には「クエン酸水パック」も有効です。

そしてもう一つは、粉末のまま使用する方法です。電気ポットや食洗機内部の掃除には、クエン酸の粉末を適量入れて洗浄します。

気をつけたい点としては、クエン酸を使用した後は、よく水ですすぐか、ふき取りをすることです。酸が残っているとベタつきや、サビの原因になります。また塩素系の漂白剤

クエン酸水の作り方、クエン酸水パック

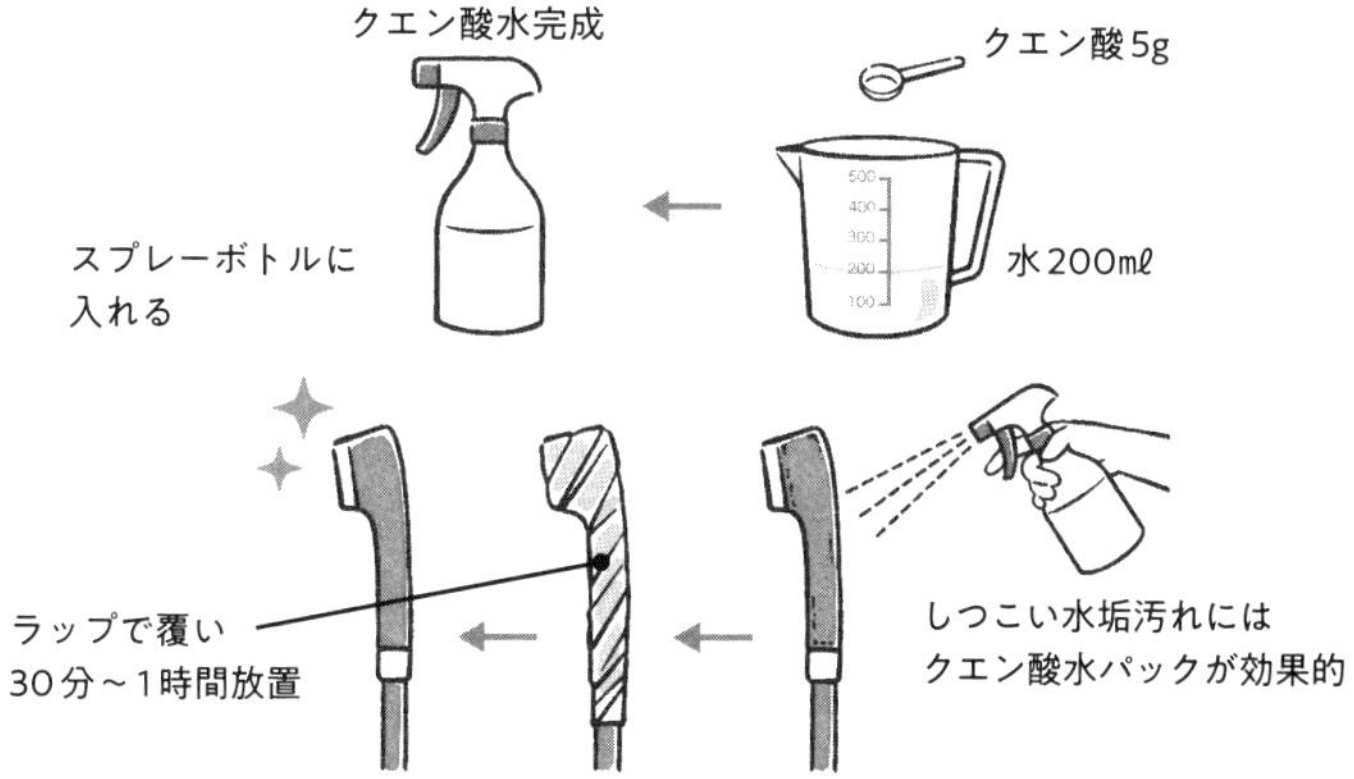

と混ぜると有毒ガスが発生するので避けてください。

◆クエン酸活用①　水に溶いて「クエン酸水」として使用

クエン酸水の作り方は、200㎖の水に5gのクエン酸の粉末を入れ、よく溶かします。これをスプレー容器に入れ、蛇口などの水垢汚れが気になるところに吹き付け、10分ほどしてからスポンジなどでこすり、水で洗い流します。

しつこい水垢汚れには、クエン酸水をスプレーした後、ラップで覆って30分～1時間放置し、スポンジなどでこすり取ります。

水垢が大きな結晶になっている場合は、割りばしなどで削れるところを削り、このパックをしてこするという工程を繰り返します。

〈クエン酸水の掃除ポイント〉

・シンクまわりの水垢掃除
・洗面所の蛇口、鏡、洗面ボウルの水垢掃除
・浴室の鏡、蛇口まわり、シャワーヘッドの水垢掃除
・トイレの便器の手洗い周辺の水垢掃除
・加湿器内部の水垢掃除

◆クエン酸活用②　粉末のまま、電気ポットや食洗器の洗浄に

電気ポットの内部についた白い結晶を取り除くときにも、クエン酸を活用できます。ポットを満水（2～3ℓ）にして、クエン酸の粉末50gを入れ、お湯を沸かします。1時間ほど保温した後、お湯を捨ててスポンジなどで洗い、内部を水でよくすすぎます。そ

の後、もう一度水だけを沸かしてお湯を捨てます。

食洗器の内部に付いた汚れの洗浄には、クエン酸の粉末50gを入れ、食器を入れずに1サイクル運転をします。「洗い」が終わったときに一時停止し、緩んだ水垢をスポンジなどでこすり落としてから「すすぎ」をすると、より効果的です。

◆クエン酸活用③　トイレの尿石の除去、アンモニア臭の消臭に

便器のふちの内側などにこびりついた尿石を落とすには、やはりクエン酸水パックがおすすめです。尿石のついた場所にクエン酸水をスプレーし、トイレットペーパーを張り付けて10分ほど置き、ペーパーをはがしてスポンジやブラシなどで汚れをこすり落とします。汚れが落ちにくい場合は、この作業を繰り返し、少しずつ固まった尿石をはがしていきます。

また、トイレの床や壁に飛んだ尿ハネは、時間が経つと尿石と同じようなアルカリ性の汚れになります。こうなるとアルカリ性洗剤で落ちにくいだけでなく、トイレのアンモニア臭の原因にもなります。

尿ハネがある箇所にはクエン酸水をスプレーしてふき取るか、トイレットペーパーで

パックをし、その後にしっかり水ぶきをしましょう。クエン酸には、アンモニア臭など酸性の臭いの消臭効果もあります。

ナチュラル洗剤を組み合わせて効果アップ

４つのナチュラル洗剤は、汚れの性質に合わせてそれぞれを使い分ければ、住居内の汚れの多くを落とすことができます。

ただし暮らしの汚れのなかにはナチュラル洗剤１種類だけでは撃退しにくい、やっかいな汚れというのも存在します。

そこで、ナチュラル洗剤を複数組み合わせることで、面倒な汚れをすっきり落とすことができます。

【排水パイプの掃除……重曹×クエン酸＝発泡効果で汚れを一掃】

シンクや洗面所、浴室の掃除をしているのに排水口から嫌な臭いがする。以前より水の流れが悪くなった気がする。そういうときは排水パイプの内部にも油汚れや髪の毛などの汚れがたまり、雑菌が繁殖して臭いを発していることが考えられます。

手の届かない排水パイプ内部の掃除には、重曹とクエン酸の合わせ技が役立ちます。

重曹の粉末を排水口に振り入れ、そこへクエン酸水（83ページ）をスプレーすると、シュワシュワと勢いよく泡が立ちます。これは重曹のアルカリとクエン酸の酸が混ざることで、二酸化炭素（炭酸ガス）が発生するという性質を利用したもので、この泡がパイプ内部の汚れを浮かせてはがしてくれます。

少し時間をおいて泡立ちがほとんどなくなったら、一気に多量の水かお湯で、パイプ内の汚れを洗い流します。

【浴室のカビ取り……重曹×過炭酸ナトリウム＝しつこいカビを破壊し、撃退】

もう一つ、やっかいな汚れといえば、タイルの目地やゴムパッキンなどのカビ汚れがあります。表面の汚れを落としてきれいにしたつもりでも、目地やパッキンの奥にカビの〝根〟が残っていて、繰り返しカビが出てきます。

これを取り除くには、重曹と過炭酸ナトリウムを1対1で合わせ、少量の水を加えてペースト状にします。これをカビのあるところに塗り付け、2時間ほど放置してから歯ブラシなどでこすります。アルカリ性洗剤である重曹と過炭酸ナトリウムの漂白作用によってカビを撃退し、パッキンなどに付いた黒い色素を落とします。

あまり黒カビが繁殖してしまうと、過炭酸ナトリウムなどのナチュラル洗剤だけですべてを取り除くのは難しくなります。カビがひどくなる前に、早めに手当てをしておくことが重要です。

ナチュラル洗剤の購入・使用・保存など

冒頭でも触れたように、ナチュラル洗剤は身近なスーパーマーケットやドラッグストア、ホームセンターなどで購入ができます。ほかにネット通販会社や洗剤・日用品メーカーから通販で取り寄せることも可能です。

ナチュラル洗剤は粉末で売られている製品が多いですが、重曹は湿気を吸って固まることが多いので、湿気を遮断できるチャック付き袋や密閉容器で保存すると安心です。

粉末と水道水を混ぜた手作りの重曹水やセスキ水、クエン酸水は、保存料が含まれていないため、腐敗を予防する意味で2週間～1カ月を目安に使い切るようにしましょう。

最近では重曹水、セスキ水など、水溶液の状態のナチュラル洗剤も販売されています。液状のものは汚れの種類や程度によって濃度を変える、といったことはできませんが、すぐに手軽に使えるのが利点です。こうした製品を実際に試してみてナチュラル洗剤の使い方に〝慣れる〟のもいいと思います。

手軽さということでいえば、重曹水やセスキ水などを含んだシートタイプの掃除用品も人気になっています。

例えば重曹水シートをキッチンに常備しておき、油汚れが付いたらすぐにシートを出してふくようにすれば、ほとんど手間も掛けずにキッチンの清潔を保つことができます。シートタイプのナチュラル洗剤については、使用後は汚れたシートを捨てるだけで、すすぎもいらないことが多いですから、節水にもなり、環境にもお財布にも優しい製品といえます。

第２章のポイント

●重曹、セスキ炭酸ソーダ、過炭酸ナトリウムはアルカリ性の洗剤で「酸性汚れ（油分やたんぱく質汚れ）」に有効。クエン酸は酸性で、「アルカリ性の汚れ（水垢）」に効果がある。

●重曹は、弱いアルカリ性の洗剤で、家中の汚れに幅広く使用できる。40度くらいのお湯に溶かして重曹水として使うほか、粉末のままクレンザーとしても活用できる。

●セスキ炭酸ソーダは、重曹よりもアルカリ度が高く、洗浄力が高い。
冷たい水にもよく溶けるので、セスキ水として油汚れの掃除に使用するとよい。

●過炭酸ナトリウムは、一般に酸素系漂白剤とも呼ばれる。ナチュラル洗剤のなかで最もアルカリ度が高く、衣類や日用品の除菌・漂白に威力を発揮する。

●クエン酸は、鏡や蛇口、電気ポットなどに付く白い水垢を酸の力で溶かす。トイレの尿石の掃除、アンモニア臭の消臭にも役立つ。

第3章

知られざる万能ナチュラル洗剤
「アルカリ電解水」

新・ナチュラル洗剤として注目度が高い「アルカリ電解水」

ここ数年、家庭用としても使える新たなナチュラル洗剤として注目されているものがあります。それが「アルカリ電解水」です。

重曹などに比べると、まだ一般的な知名度は低いかもしれません。しかし、その洗剤としてのパワーや優れた特徴を知る人びとからは、非常に高い評価を得ています。テレビの生活情報番組などでも、アルカリ電解水がたびたび取り上げられるようになっています。

例えば、ＮＨＫの朝の情報番組『あさイチ』（２０２０年12月22日放送）では、「年末大掃除　ピッカピカ大作戦」と題する大掃除特集が放送されました。そこでキッチンの油汚れに効く〝魔法の液体〟として、アルカリ電解水を使ったキッチン掃除術が紹介されていました。

またＴＢＳの『がっちりマンデー!!』という番組（２０２１年１月17日放送）でも、やはりアルカリ電解水が取り上げられています。こちらは、アルカリ電解水を使って洗濯をするコインランドリーに注目したものです。

コインランドリーを運営するｗａｓｈ-ｐｌｕｓ（本社・千葉県浦安市）は、洗濯用洗剤をいっさい使わず、アルカリ電解水（アルカリイオン水）だけで洗濯をするというこれまでにない新しいコンセプトで、千葉県を中心に全国24店舗を展開、業績を急速に伸ばしています。

ｗａｓｈ-ｐｌｕｓ代表の高梨健太郎氏は、アトピー性皮膚炎や化学物質過敏症の原因ともなり得る洗濯用洗剤を使わない洗濯を追求した結果、アルカリ電解水による洗濯を実現したということです。同社の取り組みは「世界初　洗剤レスのコインランドリー　水だけで洗う『人にやさしい洗濯』」として、総務省や経産省、厚労省が後援する第3回日本サービス大賞（２０２０年発表）を受賞しています。

水を電気分解して作るアルカリ性の水

それではアルカリ電解水とは、どのようなものでしょうか。

まず「電解水」というのは電解槽などの特殊な装置を使い、水（水道水や食塩水）に電気を流して電気分解したものです。電気分解によって、もともとの水にはない新たな機能をもつようになるため、機能水とも呼ばれます。

水の分子はH_2Oです。電解槽で水に電流を流すと、プラス極の槽には陽イオンであるH^+（水素イオン）が多く存在する水ができます。水素イオンを多く含む水は酸性のため、これを「酸性電解水」といいます。

もう一方のマイナス極の槽には、陰イオンのOH^-（水酸化イオン）を多く含む水ができ、これがアルカリ性の「アルカリ電解水」となります（左図）。

電解水の技術はもともと日本で開発されたものです。電気治療器の研究者であった諏訪方季氏が１９５８年、農業や医療への応用のために水の電気分解装置を開発し、アルカリ性の電解水を作ったのが発端とされています。

現在では、酸性・アルカリ性ともに電解水はさまざまな分野で活用されています。

プロの清掃業者からも支持される高い汚れ落とし効果

最近では、合成洗剤を使わずにアルカリ電解水だけで清掃・洗浄をするサービスをうたった清掃業者もかなり多くなっています。

病院や歯科医院、高齢者施設などの衛生管理の厳しいところはもちろんのこと、スーパーなどの商業施設や美容院・理容院、飲食店、一般のビル清掃などにも広がっています。スポット的な清掃ではエアコンのクリーニング、カーペットのクリーニング、クルマの車内清掃などにも活用されています。

それでは、合成洗剤のような化学物質を含まないアルカリ電解水で、洗剤以上に汚れが落ちるのはなぜでしょうか。

その洗浄力を分析すると、大きく次の２つに分けられます。

アルカリ電解水の洗浄力①

水酸化イオンが汚れをはがす

アルカリ電解水の洗浄力の第一に挙げられるのが、「水酸化イオン」の働きです。

アルカリ電解水は、陰イオンである水酸化イオン（OH^-）を多量に含んでいます。

アルカリ電解水が汚れに触れると、この陰イオンが汚れや被洗浄物の表面にある陽イオンと結び付き、汚れと被洗浄物がそれぞれマイナスの電気を帯びます。

すると、マイナスに帯電した汚れと被洗浄物が磁石のように互いに反発し合い、それによって汚れが引き離されます。この反発力により、汚れの再付着も防止されます。

アルカリ電解水を掃除に使うと、頑固な油汚れもするりと落ちるようになるのは、この水酸化イオンの働きによるものです。

アルカリ電解水の汚れ落ちのプロセス

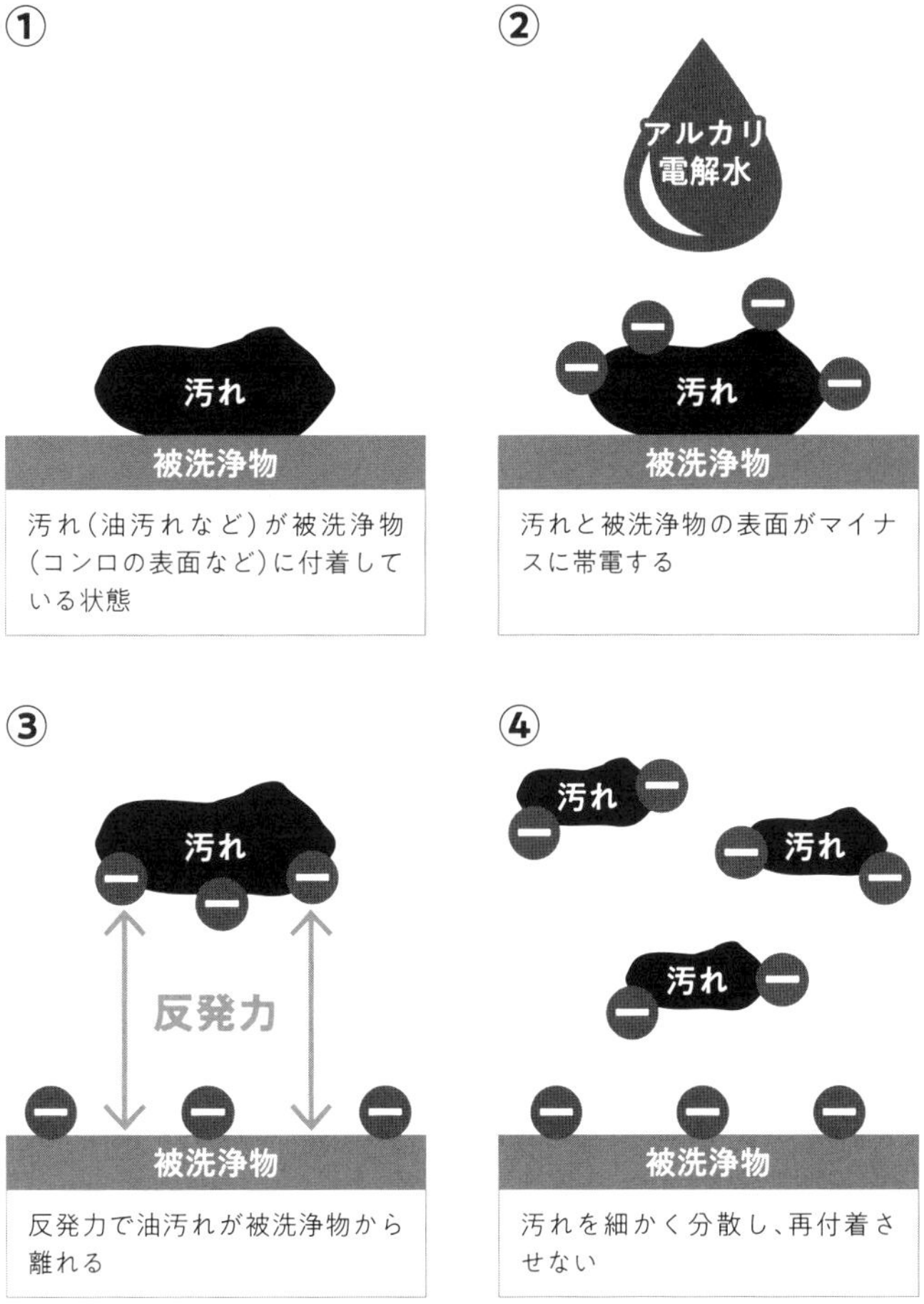

汚れ(油汚れなど)が被洗浄物(コンロの表面など)に付着している状態

汚れと被洗浄物の表面がマイナスに帯電する

反発力で油汚れが被洗浄物から離れる

汚れを細かく分散し、再付着させない

アルカリ電解水の洗浄力②

アルカリが油分を水と混ざりやすくする

洗浄力の第二が、「アルカリ」によるケン化・乳化作用です。
アルカリ電解水は、その名のとおり、ｐＨ11～12・5のアルカリ性の水です。油汚れと
アルカリが混ざると、油脂が石けんになるケン化作用が起こります。

この石けんが界面活性剤として働き、油脂を水と混ざりやすくします。
１０３ページの写真を見ていただくと、それがより分かりやすいと思います。①のよう
に、水に油を入れても油だけが浮いて分離しますが、そこにアルカリ電解水を加えると、
水と油が混ざった状態になります（②）。これが乳化作用です。この状態になると、水で
流したり布やシートでふき取ったりするだけで簡単に汚れを落とすことができます。
このような「陰イオンが汚れを引き離す作用」と、「アルカリによるケン化・乳化」と

アルカリ電解水の乳化作用

①【水＋油】
分離しているので混ざらない

②【電解水＋油】
乳化しているので油と水が混ざり、
落とすことができる

いう2つの働きにより、アルカリ電解水は高い洗浄力を発揮します。

アルカリ電解水は、見た目は無色透明で臭いもなく「水」そのものです。それでいて驚くほど汚れが落ちるため、冒頭のNHKの番組のように〝魔法の液体〟などと呼ばれることもあります。

けれども、これは魔法でもなければ、何かインチキをしているわけでもありません。化学的な作用に着目すれば、合成洗剤とは異なるしくみで、高い洗浄力が実現していることが分かります。

得意な汚れは、油汚れや皮脂汚れ、食べこぼし

アルカリ電解水が得意とする汚れは、他のアルカリ性のナチュラル洗剤と同様に、油汚れや手垢などの皮脂汚れ、食べこぼし、たんぱく質の汚れです。

具体的には、次のような住居内の幅広い汚れの掃除・洗浄に使用することができます。

〈リビング・ダイニング〉

・ダイニングテーブルのふき掃除
・テレビラックなど家具のふき掃除
・フローリングのふき掃除
・クロスの手垢や油汚れ、たばこのヤニなどのふき掃除
・リモコンなどの小物のふき掃除
・照明器具のふき掃除

・窓ガラスや網戸のふき掃除

〈キッチン〉

・コンロまわり油汚れのふき掃除
・調理台やシンクまわりのふき掃除
・換気扇のふき掃除（ひどい汚れはつけ置き）
・冷蔵庫内のふき掃除
・電子レンジ庫内のふき掃除
・食器棚や収納庫の扉、引き出しなどのふき掃除

〈洗面所・浴室・トイレ〉

・洗面台のふき掃除
・浴槽の掃除
・浴室の床や壁、小物などのふき掃除
・トイレのドアやレバーのふき掃除
・便器やトイレの床のふき掃除

使い方は汚れや布などに吹き掛け、ふくだけ

現在、市販されている家庭用のアルカリ電解水の製品は、大きく2種類に分けられます。アルカリ電解水がそのまま容器に入ったスプレータイプの製品と、アルカリ電解水を不織布などのシートに含ませたシートタイプです。

スプレータイプの使い方は重曹水やセスキ水などと同様です。汚れに直接吹き掛けるか、乾いた布やキッチンペーパー等にスプレーして汚れの箇所をふき取ります。汚れのひどいところはアルカリ電解水を吹き付けて、ラップなどで覆ってしばらく時間をおくと汚れが緩んで落としやすくなります。

シートタイプは、容器からシートを取り出し、そのままふくだけです。

製品によっては、使用する場所・用途によって「コンロまわり用」「リビング用」など種類が分かれているものもあります。その箇所の汚れの程度や性質に合わせて、アルカ

リ電解水の濃度やシートの大きさなどが少しずつ変わっていますが、基本的な性質や使い方はいずれも共通と考えていいでしょう。

「洗剤を使いたくない掃除」に最適なアルカリ電解水

洗剤としてのアルカリ電解水の特徴を、あらためてまとめておきます。

・名称……アルカリ電解水
・ｐＨ……11～12・5（アルカリ性）
・製法……水（塩、炭酸ナトリウム等の電解質を含む）を電気分解することで製造。
・特徴……陰イオンとアルカリの作用で、油汚れや皮脂汚れに対して高い洗浄効果があり、住居内の幅広い汚れの掃除・洗浄に使用できる。界面活性剤不使用。

アルカリ電解水は界面活性剤を使用しないナチュラル洗剤の一つですが、他のナチュラル洗剤と比べても、さらに優れたメリットがいくつもあります。
　本書で特に注目したいのは次の4点です。

①界面活性剤や強い化学物質を使用していない
②洗浄力が強いのに、肌に優しい
③洗剤残りがなく、ぬるぬる・ベタベタしない
④すすぎや二度ぶきが不要で、掃除の手間や時間が短縮

アルカリ電解水のメリット①

界面活性剤や強い化学物質を使用していない

　口に入る食品を扱う場所や、子どもの手や口が触れるような場所では、安全性や健康への影響を考えて「強い洗剤を使いたくない」と思う人も多いと思います。

　その点、アルカリ電解水の原料は、水と塩（電解質）、電気だけです。合成界面活性剤

や健康に影響を及ぼす危険な化学物質は含まれていませんから、いわゆる「洗剤を使いたくない場所・もの」の掃除にも安心して使うことができます。

キッチンでいえばコンロまわりや冷蔵庫、電子レンジの庫内の掃除なども、アルカリ電解水でサッととふくだけでＯＫです。

幼い子どものいる家庭では、ベビーバスやベビーラック、ベビーカー、おもちゃ類のふき掃除にもアルカリ電解水を使えます。同様にペットがいる家庭なら、ペットのケージまわりや給餌・給水用品、遊び道具などの掃除にも向いています。

アルカリ電解水のメリット②

洗浄力が強いのに、肌に優しい

従来の合成洗剤は汚れがよく落ちる反面、人の手肌の皮脂を奪ってしまい、肌荒れや皮膚炎の原因となる例も少なくありません。キッチンの油汚れ用洗剤や浴室のカビ取り剤など、汚れ落とし効果が高い洗剤ほど、手肌への刺激も大きくなります。

それに対してアルカリ電解水は、洗浄力が強く汚れがよく落ちるのに、手肌には悪影響が少ないといううれしい特性があります。

その理由は、アルカリ電解水が水を電気分解し、アルカリ性の性質をもつようにした水だからです。アルカリ性を保つためのｐＨ安定剤を含んでいないため、酸性の汚れや弱酸性の人の皮膚に触れると中和されて中性に戻るため、皮脂を奪い過ぎることがありません。

実際に私の会社の実験でも、アルカリ電解水が手肌に触れたあとのｐＨを調べています。アルカリ電解水製品（使用前）のｐＨは11～14のアルカリ性ですが、手肌に付いたアルカリ電解水はｐＨ７程度の中性に戻っています。

アルカリ電解水のメリット③

洗剤残りがなく、ぬるぬる・ベタベタしない

界面活性剤を含む合成洗剤で掃除をすると、ふいた後がぬるぬる・ベタベタとしていることがよくあります。

前述したように、合成洗剤の界面活性剤はものに吸着して残留しやすい性質があります。何度もすすぎや仕上げぶきを繰り返して洗剤を落としたつもりでも、表面には洗剤分がまだ残っており、ベタベタ感が続いてしまうのです。

アルカリ電解水は界面活性剤を含みませんから、こうした洗剤残りもありません。アルカリ電解水で掃除をしたあとは、ぜひ掃除をした箇所に素手で触れてみてください。ふき上がりがとてもさっぱりとして、手触りもサラサラとして気持ちがいいはずです。家中のフローリングをアルカリ電解水でふき上げた後は、素足で歩くのが楽しくなります。

アルカリ電解水のメリット④

すすぎや二度ぶきが不要で、掃除の手間や時間が短縮

アルカリ電解水の特徴の一つに洗浄の際に泡が立たないことがあります。

泡には、汚れを包んではがす作用がありますが、反面、泡が立つことですすぎに大量の水を必要とします。市販の合成洗剤は、合成界面活性剤の作用で泡立ちがいいのが特徴で

すが、すすぎの際に泡を早く消すために消泡剤をわざわざ添加している製品も少なくありません。

アルカリ電解水は、合成界面活性剤とは異なり、泡が立たず洗剤残りもないため、すすぎも二度ぶきも基本的に不要です（洗面所や浴室など水まわりの掃除では、アルカリ電解水で浮いた汚れをさっとすすぐといい場合もありますが、これも少量の水で十分です）。これによってすすぎの水が節水できるうえ、掃除に掛かる手間や時間も大幅に短縮できます。

特にアルカリ電解水をスプレーしてペーパーでふく、あるいはアルカリ電解水シートでふく掃除であれば、汚れに気づいたときにさっと掃除をして使ったシートをゴミ箱に捨てる。これだけで、あっという間に掃除が完了します。忙しい子育て世帯や共働き世帯にとって、この手軽さと時短という要素も大きなメリットでしょう。

他のナチュラル洗剤との使い分け

アルカリ電解水と他のナチュラル洗剤は、どう使い分ければいいのでしょうか。

アルカリ電解水は、基本的には同じアルカリ性の重曹やセスキ炭酸ソーダと同じように使うことができます。

重曹は、重曹水にしてふいた後に白い粉が残ることがありますが、アルカリ電解水はそうした心配はありません。さらに、重曹電解水を含ませたシートですと、重曹の溶け残りが拭き跡として残ることもないので、より便利です。重曹電解水は、重曹を水に溶かし、電気分解をしたナチュラル洗剤です。

またアルカリ電解水は、セスキ水よりもアルカリ性がやや強いため、汚れ落とし効果はセスキ水を上回ります。

重曹水やセスキ水のように、水溶液をナチュラル洗剤として使う場合は、重曹やセスキ炭酸ソーダをアルカリ電解水に置き換えてもいいと思います。

ただし、アルカリ電解水は水ですから、重曹の粉末のような研磨作用はありません。シンクのくもりや茶渋などを落としたいときは、重曹粉末をクレンザーとして使うといいでしょう。

また、アルカリ電解水そのものは除菌・漂白作用はそれほど高くありません。最近はエタノールなどの除菌剤を加えて除菌効果を高めたアルカリ電解水製品も増えています。

食中毒等を予防するレベルの高い殺菌作用を求める場合や、排水パイプの洗浄・消臭などには酸素系漂白剤である過炭酸ナトリウムを使用するといいでしょう。アルカリ電解水で表面の汚れを落とし、過炭酸ナトリウムで漂白・除菌するという二段階で使うとより効果的です。

アルカリ電解水が得意な汚れは、重曹やセスキ炭酸ソーダなどと同様に、油汚れ、皮脂汚れなどの酸性汚れです。反対に、水垢などのアルカリ性の汚れには不向きです。水垢や尿石などのアルカリ性の汚れの掃除には、酸性のナチュラル洗剤であるクエン酸を使用するといいでしょう。

アルカリ電解水の弱点と注意点

アルカリ電解水は住まいの汚れに幅広く使える〝万能ナチュラル洗剤〟です。しかしながら、アルカリ電解水が使えないものも当然ありますし、効果的に使うためには使用時の注意点も知っておいてください。

◆アルカリ電解水が使えないもの

白木や桐の木製品など、水ぶきができないものにはアルカリ電解水は使用できません。また漆塗りの製品やアルミサッシなど、アルカリ性の洗剤が使えないものもありますので注意してください。掃除する場所の材質は、よく確かめてから使用してください。

アルカリ性のナチュラル洗剤の説明でも触れましたが、金属の塗装面はアルカリ性の洗剤につけ置きすると塗装がはがれることがあります。短時間でのふき掃除であれば影響は

ナチュラル洗剤一覧

	アルカリ電解水	重曹	セスキ炭酸ソーダ	過炭酸ナトリウム	クエン酸
液性	**弱アルカリ～アルカリ性**	かなり弱いアルカリ性	弱アルカリ性	弱アルカリ性	酸性
水への溶けやすさ	**—**	×（湯なら○）	○	△	○
いちばん効果を発揮する温度	**特になし**	40度前後	特になし	40～60度	特になし
研磨	**×**	○	×	×	×
消臭（臭いの原因）	**△**	△（酸性）	△（酸性）	△（雑菌・酸性）	△（アルカリ性）
除菌・漂白	**△**	×	×	○	×
特徴	**油汚れや手垢汚れに幅広く使用可能**	住居内の幅広い汚れに	しつこい油汚れに効果的	ぬめりや黒ずみなどを除菌・漂白	うろこのような水垢に
得意・不得意一覧					
油汚れ	**◎**				
ガスコンロ・IHコンロ	**◎**	○	○	○	×
排水口	**○**				
冷蔵庫・電子レンジ	**◎**	○	○	×	△（製氷ルート）
換気扇フード	**◎**	○	○	○（アルミ製品不可）	×
水垢	**×**	×	×	×	○
カビ・雑菌	**○**	×	×	○	×
浴室	**○**	○	○	○（小物・風呂がま）	○（鏡・プラ製品）
洗面台	**○**	○	○	×	○
トイレ	**○**	○	○	○（輪ジミ）	○（尿石）
フローリング	**◎**	○	○	×	×
クロス（手垢汚れ）	**◎**				
衣類の洗濯	**○**	△（湯に溶いて使用）	○	○	△（仕上げ）

本橋ひろえ『ナチュラルおそうじ大全』p.70、71より作成

少ないと思いますが、心配なときは目立たないところで確かめてから使用することをおすすめします。

◆アルカリ電解水の使用時の注意

アルカリ電解水は、水中に水酸化イオンを一定の濃度で含むことでアルカリ性を保っています。大量の水とともにアルカリ電解水を使うと、水酸化イオンの濃度が薄まり、アルカリ性が弱くなって洗浄力も低下します。少量の水であれば、それほど気にする必要はありませんが、水を流しながら洗うといった使い方は不向きです。また、浴室の掃除を行う時は、水分をある程度ふき取ってからアルカリ電解水を使用しましょう。

シートタイプのアルカリ電解水製品は、シートが乾燥してしまうと期待した効果を得られません。使用後はフタとなる表面シールをきちんと閉め、乾燥を防ぐようにしましょう。使用後の掃除シートは、基本的には燃えるゴミとして捨てることができます（各製品の使用上の注意を確認してください）。

　また、アルカリ電解水は手肌に優しいですが、メーカーによってはアルカリ性（水酸化イオン濃度）を保つためにｐＨ安定剤を加えているものもあります。こうした製品は肌についたあともアルカリ性が続き、皮膚への刺激となるので注意してください。

　また、肌に優しいといってもアルカリ性の水溶液であることは変わりません。長時間使用する場合や肌の敏感な人は、ゴム手袋を着用すると安心です。


　こうしたいくつかの注意点を知っておけば、アルカリ電解水は住まいの掃除・衛生に大いに役立ってくれます。

　アルカリ電解水は、家族の健康を考える人にとって安心な洗浄剤というだけではありません。まずは、使ってみてください。「汚れが落ちにくい」「手間や時間が掛かる」「疲れる」といった掃除のイメージ自体もきっと変わります。

第３章のポイント

●「アルカリ電解水」は水と電解質を電気分解してできる、アルカリ性の水。
陰イオンの水酸化イオンと、アルカリの力で汚れをするりと落とす。

●アルカリ電解水のメリット①　界面活性剤や強い化学物質を含まないため、手肌に触れる、食品を扱うなど「洗剤を使いたくない場所」の掃除に最適。

●アルカリ電解水のメリット②　洗浄力が強いのに、肌に優しい。もとはアルカリ性でも肌に触れると中性に戻るため、皮脂を奪い過ぎない。

●アルカリ電解水のメリット③　洗剤残りがなく、ぬるぬる・ベタベタしない。
アルカリ電解水で掃除をした後はさっぱり、サラサラの手触りに。

●アルカリ電解水のメリット④　泡が立たず洗剤残りもないため、すすぎや二度ぶきがいらず、掃除の手間と時間が短縮。シートでふき掃除をして、終わったら捨てるだけ。

第 4 章

カラダへの優しさ、
高い洗浄力を両立した
アルカリ電解水の選び方

洗剤としての品質に差がある「アルカリ電解水」製品

現在、一般家庭向けのアルカリ電解水の洗剤製品は種類が増えています。インターネットで少し検索するだけでも、たくさんの製品が出てきます。アルカリ電解水マルチクリーナー、アルカリ洗浄水、強アルカリ電解水、アルカリイオン電解水、ウルトラアルカリ電解水など、個々の正式名称には触れませんが、アルカリ電解水を使用したさまざまな洗剤類が登場しています。

アルカリ電解水が多くの人に注目され、使用が広がることは、日本全体で危険な合成界面活性剤を含む洗剤の使用を減らすことにつながり、地球環境にもプラスになります。私の会社のように界面活性剤を使わない洗剤製品を製造・販売するメーカーにとっても、たいへん有難いことです。

しかし、その一方で最近少し気になることがあります。

一口にアルカリ電解水を使ったナチュラル洗剤といっても、その品質に違いがあるものも出始めているからです。

アルカリ電解水の洗剤としての品質の第一は、なんといっても洗浄力です。汚れを軽くふくだけで、しつこい油汚れや皮脂汚れがよく落ちるのが、本来のアルカリ電解水の性質です。

ところが、アルカリ電解水と表示されている製品でも、一部には本来の洗浄力が備わっていない製品もあるようです。また購入時は高い洗浄力があっても、時間の経過とともに徐々に洗浄力が落ちてしまうものもあります。

次にアルカリ電解水の品質として欠かせないのが、二度ぶき不要の手軽さやさっぱりとした使用感、そして安全性です。

これらの点も、製品によって少しずつ違いがあります。私の会社がいくつかの製品を調べたところ、ふいた箇所がややベタベタするものや、ガラスなどをふいたときに白っぽくふいた跡が残るものもありました。さらに安全性についても、手肌への刺激が強いものも市販されています。

せっかくアルカリ電解水に興味をもって使い始めても、購入時にそうした品質の劣る製品を選んでしまい、「思ったほど汚れが落ちない」「使い勝手がよくない」「やっぱり前の（合成）洗剤の方がいい」となると、人体や環境に負荷を掛ける合成洗剤を使い続ける生活に逆戻りしてしまいます。

また万一、そうした製品で肌荒れを起こす人が増えるようなことがあれば、アルカリ電解水そのものも危険とみなされ、製品としての信頼が損なわれてしまいます。

最近急増しているアルカリ電解水洗剤の中から、高い洗浄力と手肌への優しさを両立した「真のアルカリ電解水」を選ぶためには、いくつかのポイントを押さえておく必要があります。

注目ポイント①　誰もが実感できる、高い洗浄力がある

最初に注目してほしいのは、やはり洗浄力です。

重曹やセスキ炭酸ソーダなどのナチュラル洗剤もそうですが、アルカリ性の洗剤の洗浄力を決めるのは、アルカリ性の強さです。pHが大きいほど、すなわちアルカリ性が強いほど、洗浄力も高くなります。

アルカリ電解水の場合、水酸化イオン（OH^-）の濃度が高いほど、アルカリ度が強くなります。製品によって洗浄力が違うのは、この水酸化イオンの濃度が異なっているからです。

こうした洗浄力の差は、各製品の商品表示を見るだけではなかなか分からないので、初めてアルカリ電解水を使うときは、複数のアルカリ電解水洗剤を使い比べてみるとよいでしょう。

注目ポイント② 添加物を使用しなくても、洗浄力が持続する

次に注目していただきたいのは、時間が経っても洗浄力が続くかどうかです。

アルカリ電解水の洗浄力は水酸化イオンの濃度によりますが、この水酸化イオンは「劣化しやすい」という性質があります。空気中や他の物質に含まれる陽イオンに触れると、陰イオンと陽イオンが結び付いて中性に戻ってしまうのです。

そのためアルカリ電解水の生成当初はｐＨ12～13くらいあっても、製品化の過程でｐＨが9～10くらいに下がってしまうものも少なくありません。

製品化された後も同様です。時間が経つにつれ、水酸化イオンが失われていき、1週間もするとｐＨ７程度のほぼ中性に戻ってしまう製品もあります。こうなると洗剤としてはほとんど役に立ちません。買ってから1週間で使えなくなってしまうというのでは、家庭用洗剤としては不便です。

市販されている多くのアルカリ電解水は、このような水酸化イオン劣化による洗浄力低

アルカリ電解水のpH測定試験結果

当社のアルカリ電解水と、一般的なアルカリ電解水を不織布に含浸させて37度で保管した後、液を絞り取りpHを測定する。

結果

	①	②
	当社品	一般品
調整時	12.14	10.78
充填後	10.29	8.72
3日後	10.28	7.77
5日後	10.23	8.19
7日後	10.21	7.91
14日後	10.20	7.34
21日後	10.19	6.95
28日後	10.12	6.86

pH値変化

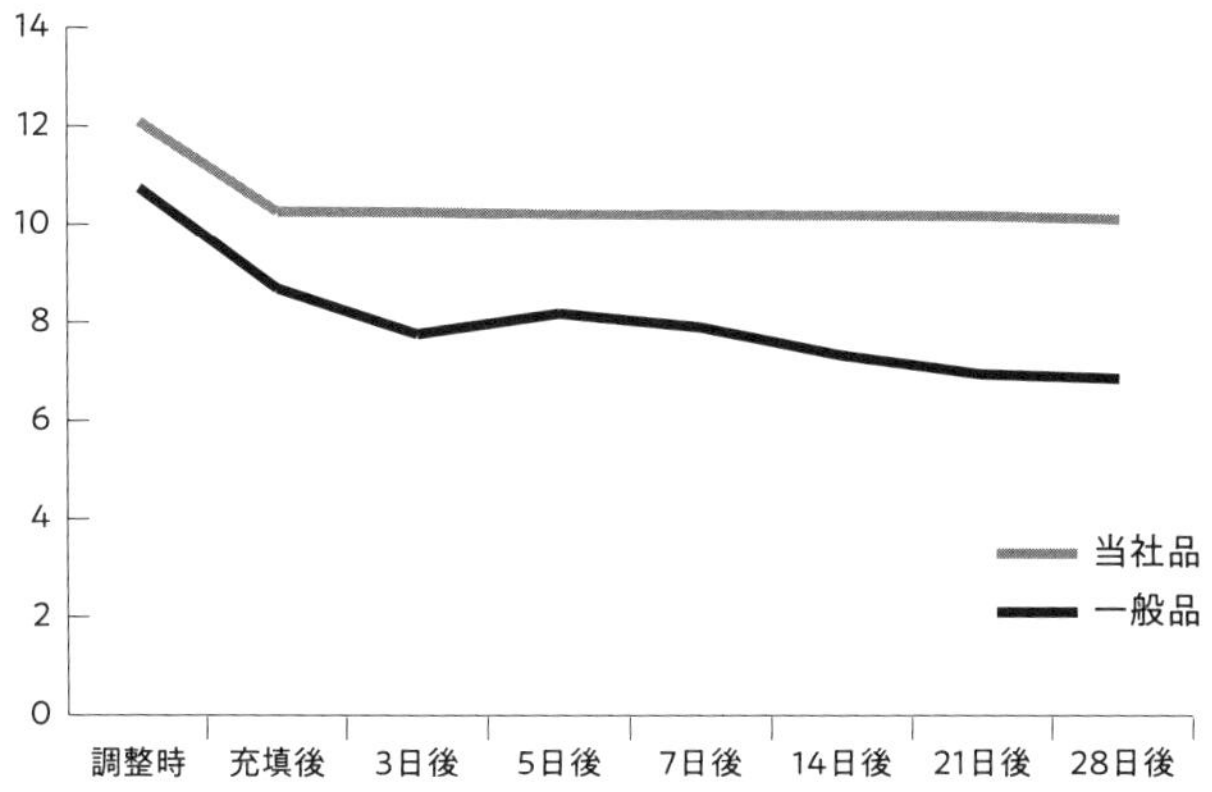

下をカバーするために、ｐＨ安定剤や炭酸ナトリウムといったアルカリ剤の添加物を加えているケースがほとんどです。つまり購入して一定時間が過ぎた後は、アルカリ電解水の作用ではなく、添加物によりアルカリ性を保つことで洗剤としての機能を維持している、ということになります。

注目ポイント③　白残りやベタつきがなく、手肌に優しい

ｐＨ安定剤などの添加物の有無は、アルカリ電解水の洗剤としての使い勝手や使用感、そして安全性にも関わってきます。

まずアルカリ剤であるｐＨ安定剤は、窓ガラスや鏡、黒いコンロなどを掃除したときに、白残りといって白っぽい洗剤の跡が残ります。また掃除をした後にベタベタした感触が残ることもあります。そうした白残りやベタベタ感を残さないためには、アルカリ電解水で掃除をした後に、二度ぶきをしなければなりません。

これでは、「二度ぶき不要」であり、掃除の手間や時間を短縮できるというアルカリ電

アルカリ電解水のふき残りの違いの試験結果

使用後の比較

他社品は電解水が劣化しているため、pH安定剤でアルカリ性を維持しています。
そのpH安定剤は白残りするため二度ぶきの必要が発生します。

【鏡をふいてみると……】

当社品　　他社品

【スプレーして放置すると……】

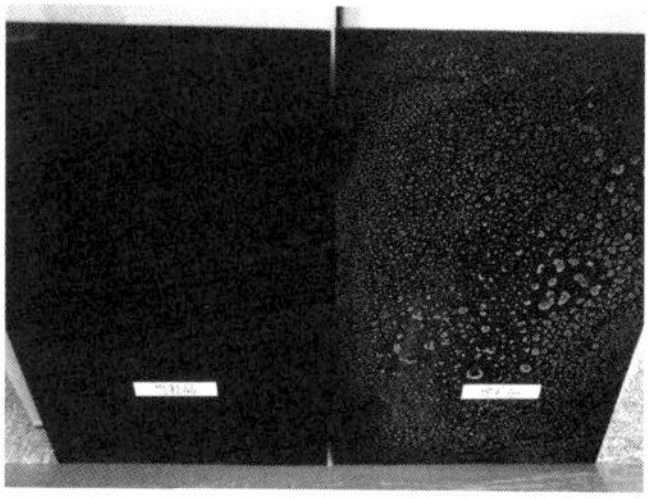

当社品　　他社品

解水のメリットが損なわれてしまいます。

さらに、本来のアルカリ電解水は手肌に触れると中性に戻ります。アルカリ電解水に含まれる水酸化イオンが、肌表面の陽イオンと中和するからです。この性質があるため、従来の洗剤に比べ、手肌に優しいのが特徴です。

また、掃除をした後も同じように表面が中性に戻りますから、子どもやペットの口に触れるものも安心して掃除ができるのです。

しかし、ｐＨ安定剤を含むアルカリ電解水洗剤はそうではありません。ｐＨ安定剤によって肌や物についた後もずっとアルカリ性が続きます。肌への刺激も当然大きくなりますし、掃除をした箇所にもアルカリ分が残る可能性があります。

市販のアルカリ電解水洗剤には、使用上の注意に「使用時に必ず手袋を着用すること」と記載されているものがあります。そういう製品はｐＨ安定剤やさらに強力な洗浄成分や防腐剤などの添加物を含んでいるかもしれませんから、気をつけてください。

なお、洗剤の成分表示には、１％以上配合されている成分が重量順に表示されています。成分表示にアルカリ電解水に続いて、ｐＨ調整剤、炭酸ナトリウム（炭酸塩）、除菌剤、防腐剤といった記載がある製品は、添加物を含んでいることが分かります。

アルカリ電解水を使った製品でも、なかには成分表示が「水、エタノール、アルカリ電解水、ｐＨ安定剤……」といった内容のものもあります。

これはアルカリ電解水よりも水を多く含んでいるという意味ですから、アルカリ電解水とはとても呼べません。

アルカリ電解水の安全性の試験結果

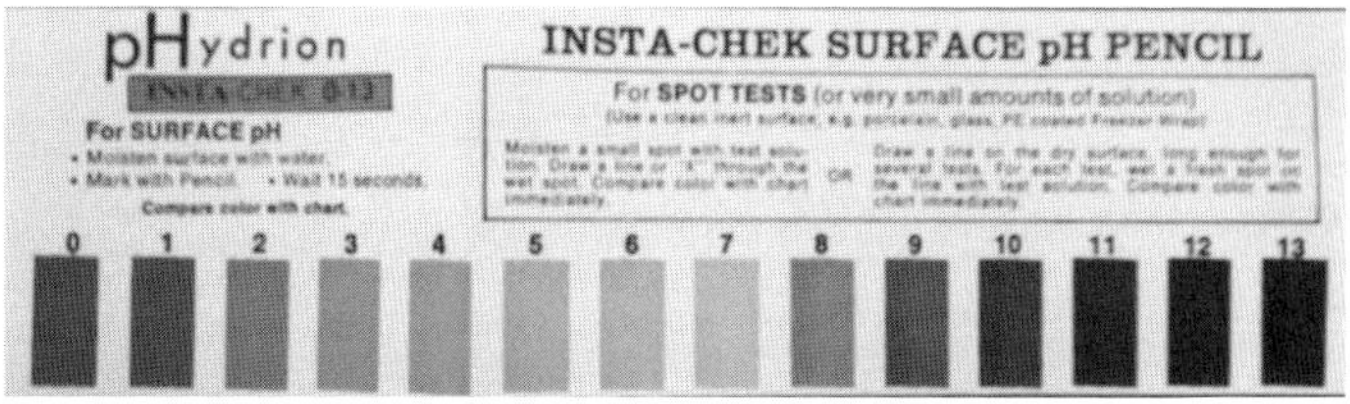

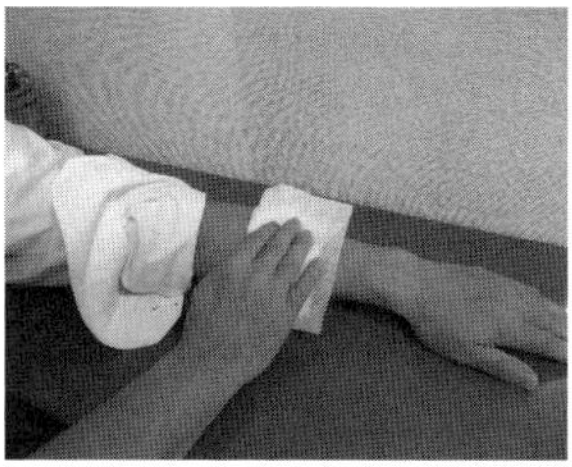

シートの液を肌にぬり

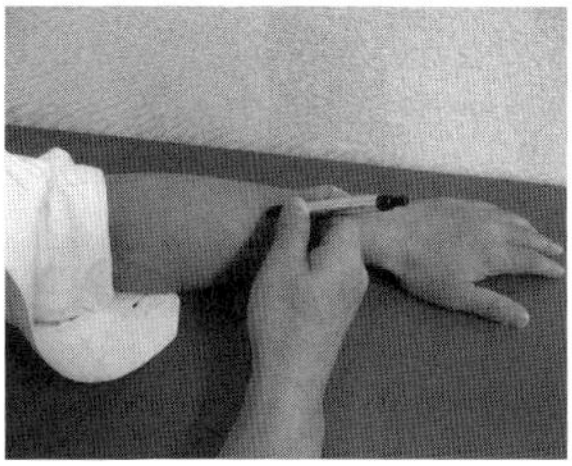

pH測定ペンシルで測定

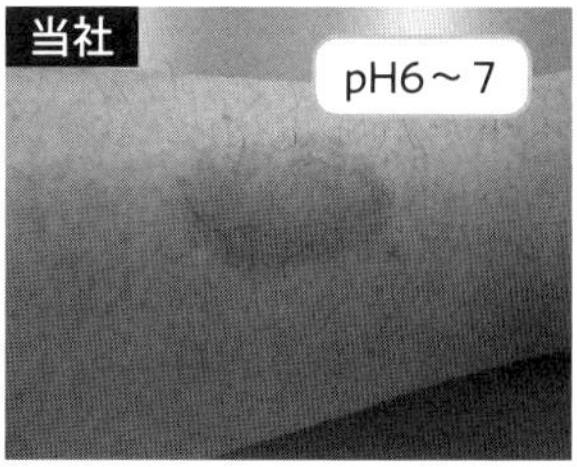

肌に触れると中性に戻るので、肌への刺激が少ない

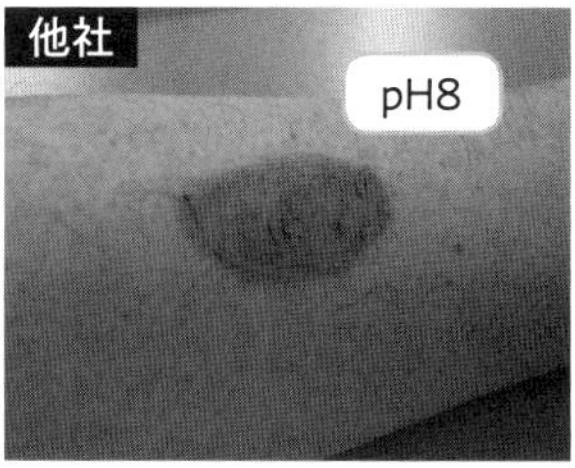

pH安定剤が添加されており、アルカリ性のままなので、肌への刺激が心配される

口コミ評価で証明された、真のアルカリ電解水

私の会社がアルカリ電解水を使った掃除用シートの販売を開始したのは、２００１年です。一般家庭向けのアルカリ電解水活用では、国内でいち早く製品化に成功しています。今では洗剤・日用品メーカーも一般家庭向けのアルカリ電解水の製品に次々に参入していますが、私の会社がアルカリ電解水の掃除シートを販売した２００１年頃には、類似品はまったくありませんでした。

実は、販売を始めた当初は、「電解水」はほとんど知られておらず、なかなか一般の方々に製品を手に取ってもらえませんでした。しかし、東北のあるスーパーで社員の方が私の会社の製品を使い、「すごく良かった！」「あっという間に汚れが落ちる」とたいへん喜んでくださり、月平均20〜30個売れればいいという水準だったところ、その店舗での販売数は月１０００個に急伸しました。

それを機に私の会社の製品に注目してもらえるようになり、他店や他のスーパーでも常

洗浄試験結果

1. 試験条件
- ●試験機：ターゴトメーター・型式TM-4（大栄科学精器製作所社製）
- ●水量：1ℓ
- ●洗濯時間：洗い時間10分
- ●洗濯水温：25度
- ●汚染布：試験布EMPA101（スイス性汚染布）
  オリーブオイル/カーボンブラック

2. 試験方法
①ターゴトメーターポットに各シートクリーナー液を1ℓ絞り投入する。
②そのポットの中に汚染布を入れ、10分間洗浄する。
③洗浄後、汚染布を乾かし洗浄率を測定する。

洗浄率は次式に基づいて算出

$$\text{洗浄率\%} = \frac{\text{洗浄後白度} - \text{汚染布白度}}{\text{元布白度} - \text{汚染布白度}} \times 100$$

3. 試験結果

メーカー名	洗浄率	pH
当社	21.3	11.98
A社	5.4	10.90
B社	11.5	10.53
C社	7.3	9.90

洗浄率

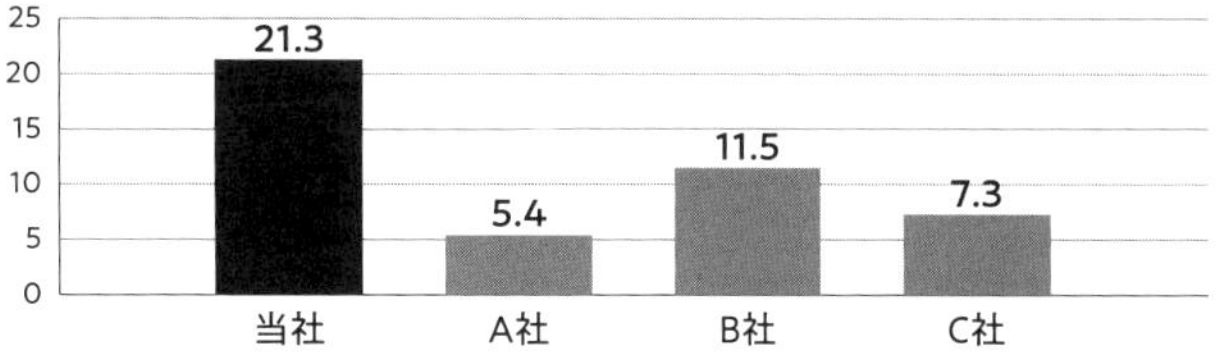

他社と比べ、油に対し圧倒的な洗浄率！

時扱ってもらえる製品へと成長してきました。

最近では、スーパーやドラッグストア、ホームセンター、コンビニのプライベートブランド（ＰＢ）商品としても採用されています。私の会社の名前を知らない方でも、実は前から使っていたキッチンの掃除シートが私の会社の製品だった、ということも少なくないようです。

私の会社で使用するアルカリ電解水は、水をただ電気分解するだけでなく、さらに特殊な装置を用いて長時間掛けて電気分解しているので、アルカリ電解水としては他に類を見ない、高い洗浄力を実現しています。

その洗浄力の違いは、洗浄試験でも検証しています。

試験機に、A社、B社、C社、私の会社のアルカリ電解水シートに含まれる洗浄液を絞り、そこに汚染布を入れ、10分間洗浄。そして、どの程度汚れが落ちたかという洗浄率を一定の計算式に基づいて算出したところ、１３３ページのような結果となりました。

汚染布　汚れ落ちの違い

洗浄前の汚染布

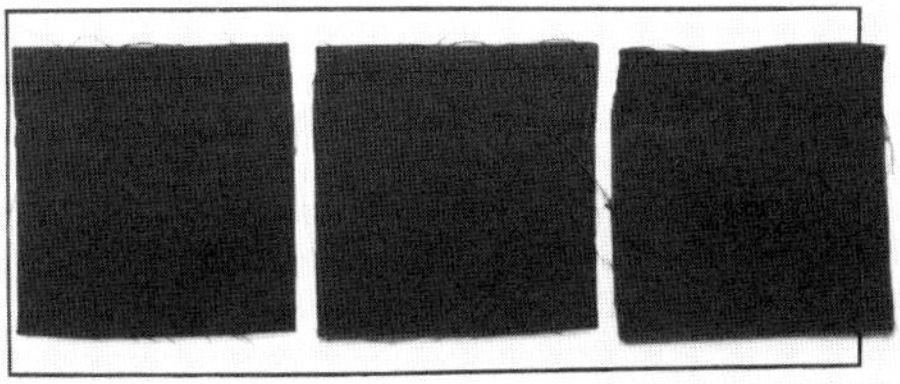

当社製品

洗浄率	21.3%

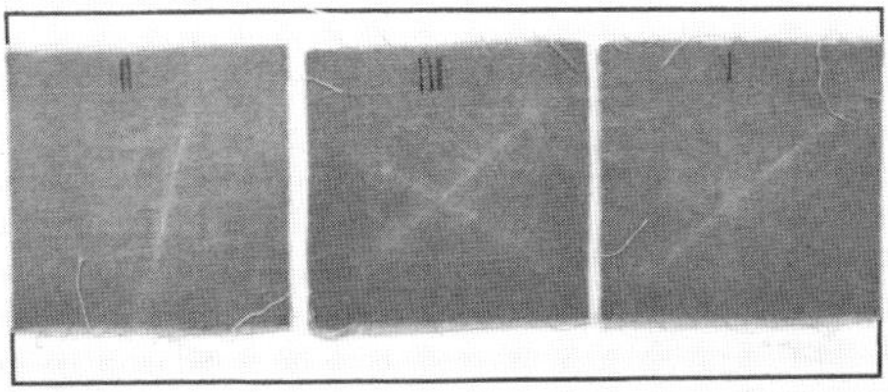

A社製品

洗浄率	5.4%

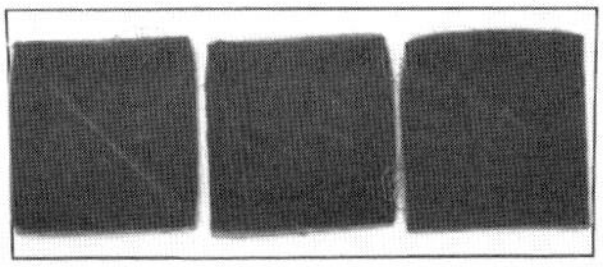

C社製品

洗浄率	7.3%

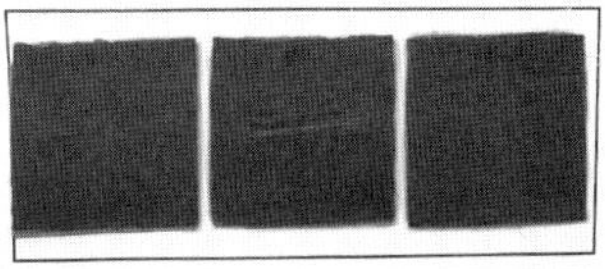

グラフにも示したように、比較的洗浄率の良かったB社の約2倍、洗浄率が最も低かったA社の約4倍という、高い洗浄率が確認されました。

写真でも、試験に使用した汚染布の汚れ落ちの違いは一目瞭然です。これは実際にいくつかの製品を使用してみれば、誰もが汚れ落ちの違いを実感できる、それくらいの明らかな差になっています。

また、私の会社のアルカリ電解水製品には、アルカリ電解水のほかに、除菌作用と浸透作用をプラスすることができる発酵エタノール（とうもろこしから精製）を加えています。

アルカリ電解水は住まいの場所ごとに、効果を最大限に発揮する掃除のコツがあります。「リビング」「キッチン」「浴室・洗面所・トイレ」「その他」の4つの分類で、15カ所の掃除法を紹介します。それぞれの汚れの特徴に合わせてアルカリ電解水を使用し、衛生的で気持ちのいい暮らしを実現してほしいと思います。

液成分とリトマス紙試験

当社品

液成分：アルカリ電解水発酵エタノール

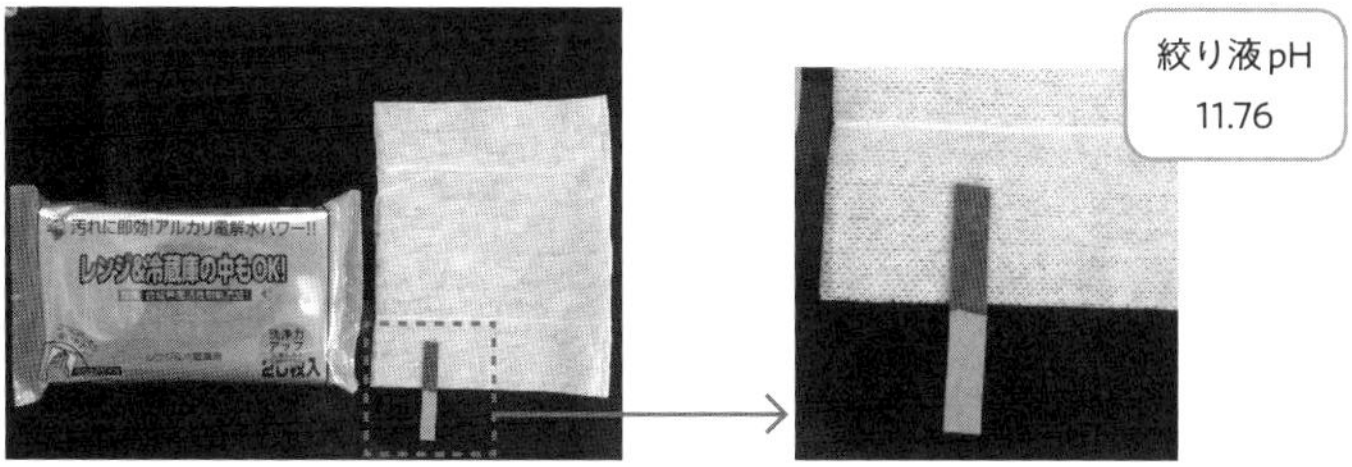

他社品①

液成分：水、エタノール、アルカリ電解水、pH調整剤、除菌剤

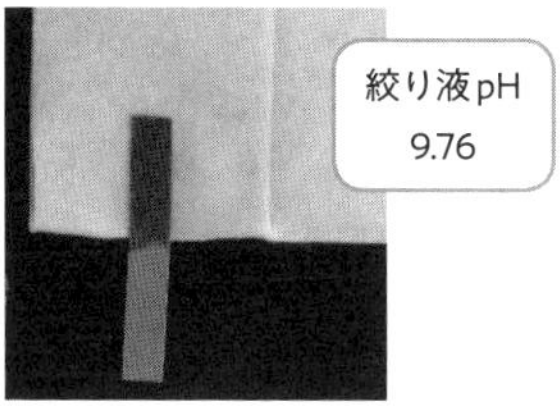

他社品②

液成分：水、エタノール、アルカリ電解水、pH調整剤、除菌剤

他社品③

液成分：アルカリ電解水、エタノール、防腐剤、炭酸ナトリウム、オレンジオイル

他社品④

液成分：アルカリイオン水、乳化剤、炭酸塩、防腐剤、オレンジオイル

アルカリ電解水（シート&スプレー）を使った掃除のコツ

リビング掃除①――フローリング

最初に掃除機をかけてからアルカリ電解水シートでふき掃除を。

ワイパーにシートを取り付ければふき掃除がラクに。

ほこりやちり、砂、皮脂や汗、古い角質、髪の毛、食べこぼしなど、さまざまな汚れがたまるのがフローリングです。特に家族が過ごすリビングは汚れが発生しやすく、人の動きで汚れが舞い上がり、空気の流れによって拡散します。

フローリング掃除では、まず掃除機でほこりや髪の毛などを取り除き、それからアルカ

フローリングの掃除

リ電解水シートでふき掃除をします。広い範囲をふくときは、市販のワイパーの先にシートを取り付けてふくと、立った姿勢でラクにふき掃除ができます。私の会社のフローリング用シートは、ワイパーに装着しやすいようにサイズを調整しています。

部屋の角や壁際などの狭いところ、また食べこぼしの跡や汚れがたまった箇所を掃除したいときは、シートを直接手にしてふき掃除をすると、よく汚れが落ちます。

リビング掃除② ——ダイニングテーブルまわり

テーブルはアルカリ電解水シートでこまめにふく。食品や人の口はシートでふかないよう注意。

家族で食事をするダイニングテーブルとそのまわりも、汚れのたまりやすい箇所です。こぼれた料理や調味料類の多くは油やたんぱく質の汚れですし、唾液などもそうです。テーブルトップは手でよく触れるので、汚れが付いた手を介してさらに汚れが広がります。ダイニングテーブルは、食事の前後にアルカリ電解水シート（食卓＆リビング用）でふくのを習慣にするといいでしょう。こまめにふくことで雑菌を減らす効果もあります（すべての菌を除菌できるわけではありません）。ただし、食品や人の手、口を直接シートでふくのは避けてください。

ダイニングテーブルまわりの掃除

　また、ダイニングセットの椅子も意外に汚れています。背もたれなど手でよく触れる箇所は手垢がついていますし、座面もほこりや汗、皮脂、飲食物のしみなどが付着しています。アルカリ電解水シートは合成洗剤不使用なので、テーブルや椅子もシートでふき上げると、さっぱりとして衛生的です。

リビング掃除③——照明器具、壁紙

✦アルカリ電解水シートで、電球の表面もふき掃除。
✦壁紙の油汚れにもアルカリ電解水シートを。

キッチンと隣合わせのリビングの照明器具は、思った以上に油で汚れています。調理の際に出る細かい油の粒子が室内に飛散し、薄い油膜となって照明器具や壁などに付着しているからです。そして油汚れはほこりを吸着するので、そのままにしているとだんだん薄黒い汚れとなり、室内もなんとなく暗くなります。年に一度の大掃除だけでなく、時間のあるときには時々照明の掃除をしましょう。

照明器具を掃除するときは、スイッチをオフにしてから、表面のほこりを軽く取り除きます。それからアルカリ電解水シート（食卓&リビング用）で全体をふいて汚れを落とし

照明器具、壁紙の掃除

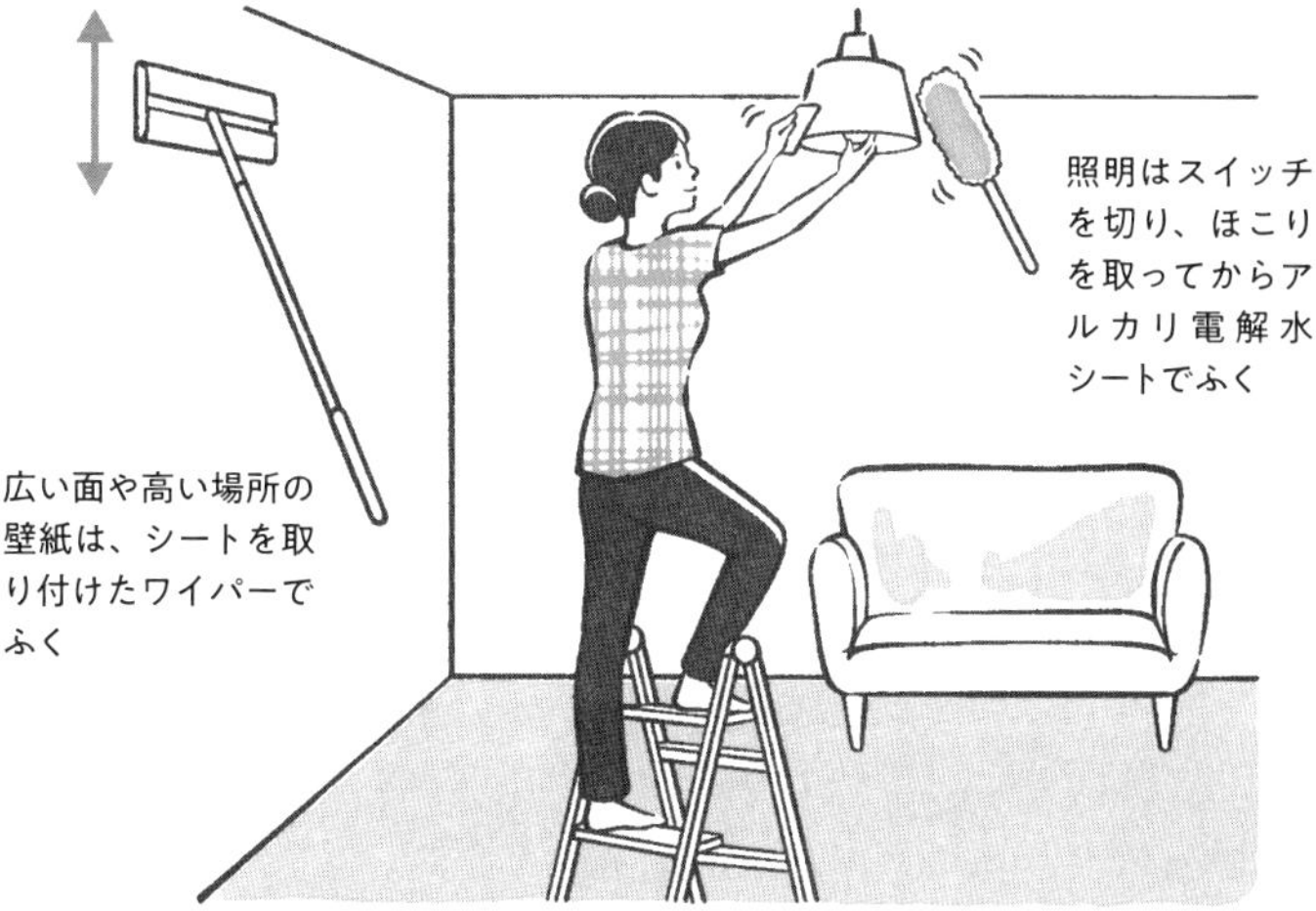

ます。プラスチック製の照明カバーだけでなく電球表面もシートでふくことができます。同じように油汚れが付いた壁紙（クロス）をアルカリ電解水シートでふくときは、広い面や高い場所にはワイパーを使うと便利です。天井や壁に付着したほこりも簡単に取り除くことができます。

リビング掃除④ ——家具類やリモコン、スイッチなどの小物

✦引き出しなどの手垢、皮脂汚れにもアルカリ電解水シートが効果的。

✦リモコンや照明のスイッチも、アルカリ電解水シートで定期的にふき掃除を。

テレビ台や収納棚、センターテーブルなどのリビングの家具類の多くも、アルカリ電解水シート（食卓＆リビング用）でふくことができます。

家具類は上部にほこりがたまりやすいですし、テレビなどの家電の近くは静電気によってもほこりが集まります。引き出しなどの家族が手でよく触れる箇所は、手垢や皮脂などで汚れます。時々シートでふき掃除をしてください（白木、桐、ニス塗りの家具、テレビや

家具類や小物の掃除

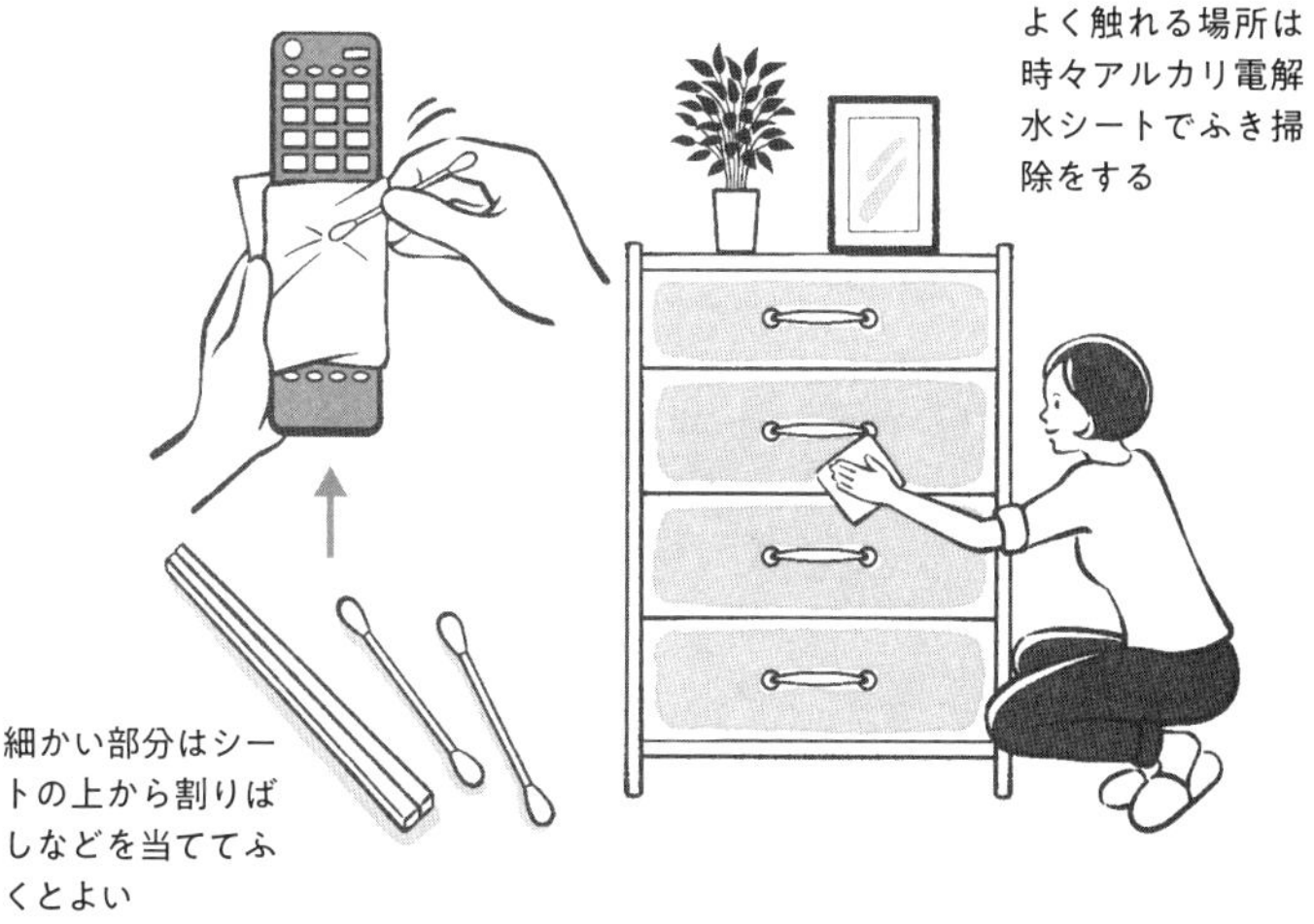

パソコンの画面には使用できません）。

また、家電のリモコンや照明のスイッチ類は、手垢とほこりでかなり汚れています。アルカリ電解水シートは細かいところもふきやすい不織布製ですから、定期的なふき掃除をおすすめします。リモコンのボタンなど細かい部分が手でふきにくいときは、シートの上から割りばしや綿棒などを当ててふくと細部まできれいになります。

リビング掃除⑤——窓ガラス、網戸

アルカリ電解水シートで窓ガラス両面をふき掃除。

アルカリ電解水シートなら、二度ぶきをしなくてもクリアなふき上がりに。

遠目にはきれいに見える窓ガラスも、近づいて見るとずいぶん汚れているものです。室内のガラス面の汚れは、手垢や室内のほこりが中心です。室外のガラス面には、戸外の砂や土ぼこりがたくさん付着しています。実はガラスには帯電しやすい性質があり、ほこりを吸い寄せてしまうのです。さらに網戸の汚れもやっかいです。細かい網目にほこりが蓄積しており、キッチンに近い窓では油汚れが混ざっていることもあります。

窓ガラス、網戸の掃除

窓ガラスや網戸の汚れ落としにも、アルカリ電解水が役立ちます。軽い汚れであればアルカリ電解水シート（窓ガラス＆網戸用）1枚で、リビングの掃き出し窓1枚の表裏両面を十分にふくことができます。窓ガラス用洗剤のように二度ぶきをしなくても、ふき上がりがとてもクリアです。窓まわりの掃除は土ぼこりで手荒れしやすくなるため、手袋を着用するといいでしょう。

キッチン掃除①　――コンロまわり

コンロの油汚れは「なるべく早くふく」のがポイント。壁の油はねにはアルカリ電解水スプレーを。

家庭で調理をする家では、住まいの中でも最も汚れやすいのがキッチンのコンロまわりでしょう。汚れの原因は調理時の油はねやこぼれた食品、調味料などです。汚れが付いてすぐの温かい状態であれば、汚れはふき取るだけでも簡単に落ちます。しかし時間が経つにつれて油が固まり、しつこく落としにくい汚れへと変質します。

コンロまわりの汚れは「汚れたらなるべく早くふく」のがポイントです。毎日の調理後に、アルカリ電解水シート（ＩＨ＆ガスコンロ用）でさっとふきましょう。コンロ（ＩＨヒーター）のトップ面だけでなく、スイッチ周辺やグリルの扉などもふき掃除をすると、

コンロまわりの掃除

嫌なベタベタ汚れを予防できます。

時間が経ってしまった油汚れやコンロまわりの防火壁の油はねには、アルカリ電解水のスプレーを吹き付け、ラップ等で覆って5分ほど置いてふくと効果的です。

なお、五徳などに付いた焦げ付きはアルカリ電解水だけでは落とせません。セスキ水につけ置きをして表面の油汚れを緩め、金だわしなどでこそげ取ります。

キッチン掃除②　――換気扇まわり

✦換気扇フードは汚れが少ないうちにアルカリ電解水シートでふく。

✦しつこい汚れの掃除はお湯でつけ置きした後にアルカリ電解水スプレーを。

換気扇フードは、油汚れにほこりが重なり、ギトギトした面倒な汚れが付きます。時間が経つほど落としにくい汚れになるため、換気扇フードまわりもやはり汚れが少ないうちにこまめにアルカリ電解水シートでふいておくことをおすすめします。

換気扇フィルターや換気扇内部のファンは、外してシンクなどでアルカリ電解水をスプレーし、5～10分置いた後にナイロンブラシなどで軽くこすり、洗い流します。

換気扇まわりの掃除

しつこい汚れになると、アルカリ電解水だけでは落ちにくくなります。その場合はシンクに45ℓなどの大型ビニール袋を広げて50～60度のお湯をため、フィルターを30分ほどつけて油汚れを緩めます。その後、水分を軽くふき、アルカリ電解水をスプレーして掃除をします（フィルターなどの塗装面は、塗装がはがれることがあるので目立たないところで確認して行ってください）。

キッチン掃除③　——冷蔵庫・電子レンジ

✦冷蔵庫の細かいパーツもアルカリ電解水シートでくまなく掃除。
✦電子レンジの庫内の油分もシートで定期的にふく。

冷蔵庫は、毎日何度も飲食物を出し入れしますから、汚れが発生しやすいポイントです。冷蔵室には食品や調味料がこびりつきますし、野菜室には野菜くずや泥がたまります。扉には手垢、パッキン部分などにカビが付くこともあります。

しかも通常の洗剤を使った掃除では、洗剤残りがないように庫内の二度ぶきをする、仕切り棚やドアポケットなどを外して洗い、よくすすぎをするなど、掃除の手間も掛かります。その点、アルカリ電解水シート（レンジ&冷蔵庫用）であればシートを出してふくだ

冷蔵庫・電子レンジの掃除

庫内にこびりついた食品や油分はアルカリ電解水シートで定期的にふき取る

けで簡単に掃除が完了します。不織布のシートなら、ポケットなどの細かいパーツやパッキンなどの隙間もくまなくふくことができます。

　冷蔵庫と併せて電子レンジの庫内も、飛び散った食品や油分でとても汚れています。汚れを放置したまま電子レンジを使い続けると発火するおそれもあるので、アルカリ電解水シートで定期的にふき掃除をしましょう。

キッチン掃除④——調理台や収納棚、食器棚など

キッチンの油汚れは、気づいたときにアルカリ電解水シートでふき取る。床や壁の汚れにはシートの他にアルカリ電解水スプレーを使用してもＯＫ。

アルカリ電解水シート（レンジ&冷蔵庫用）は、キッチン全般のふき掃除にも活用していただけます。

キッチンは調理台やシンクはもちろん収納棚、食器棚、床や壁などにも、調理時に出る油滴や油煙がたくさん飛んでいます。またよく使うところほど、手垢汚れもひどくなります。収納棚などの扉や取っ手、引き出しなどは、気づいたときにアルカリ電解水シートで

調理台や収納棚、食器棚などの掃除

ふき掃除をすると、思った以上に汚れが取れてさっぱりします。

　ほかにもプラスチック製やガラス製の調味料入れや保存容器なども、油汚れでベタベタしているときはシートでひとふきすると、サラサラの手触りに戻ります。

　キッチンの床や壁などの広い面はシートを使うほか、アルカリ電解水をスプレーし、乾いた布やキッチンペーパーなどでふき取ってもいいでしょう。

浴室・洗面所・トイレ掃除①　——浴室・浴槽

浴室のカビにもアルカリ電解水シートが有効。シートをワイパーにつけ、高い場所も安全に掃除。

浴室や洗面所、トイレなどの掃除にも、アルカリ電解水を活用できます。

浴室の掃除というと、浴槽や洗い場に洗剤をスプレーしてスポンジやブラシでこするというやり方が一般的ですが、浴室の湯垢や皮脂汚れはもともとアルカリ電解水が得意とする汚れです。私の会社ではアルカリ電解水シート（お風呂そうじ用）も開発しており、浴室全体を掃除できるようシートのサイズやアルカリ電解水の液量などを調整しています。

浴槽の掃除方法は、水を抜いてからシートで浴槽全体をふきます。浮いた汚れを軽くシャワーで流せば終わりです。洗い場の床も同じように掃除ができます。

浴室・浴槽の掃除

浴室の壁や天井も飛び散った皮脂や洗剤成分で意外に汚れています。アルカリ電解水は、そのような汚れはもちろん、壁面、床面等のタイルの目地に発生したカビにも大変有効です。

しかし、深く入り込んだものや、対象面の材質によっては効果が得られませんので、ひどくなる前のこまめなお掃除をおすすめします。壁の高い位置や天井に洗剤をスプレーすると洗剤液が目などに入る心配がありますが、アルカリ電解水シートはワイパーにつけてふくことができ、安心です。

浴室・洗面所・トイレ掃除② ——浴室の小物

✦浴室小物の輪ジミやカビも アルカリ電解水シートでふき掃除。

✦狭い箇所の汚れは、折ったシートの角を使う。

浴室には、気づかないうちに汚れがたまる小物類がたくさんあり、掃除が大変です。

アルカリ電解水シート（お風呂そうじ用）で、風呂椅子や洗面器、湯桶、浴槽のふたなど、浴室の小物類もすべて掃除ができます。皮脂がたまって輪ジミのようになった汚れや小さな凹凸についたカビも落とせます。

またシャンプー類の収納棚や石けん置き場、蛇口のまわり、シャワーヘッドなどもふき掃除をしてみてください。皮脂汚れなどのザラつきがとれ、さっぱりとした手触りになり

浴室の小物の掃除

鏡やシャワーヘッドの
皮脂汚れにもアルカリ
電解水シートが有効

ます。鏡やシャワーヘッドについた白い水垢を落とすにはクエン酸（81ページ）が有効ですが、皮脂や洗剤残りによるくもりや汚れは、アルカリ電解水シートできれいになります。

従来、歯ブラシなどを使って掃除していた狭い箇所、細かい部分の汚れは、シートを折った角などを使って落とすといいでしょう。歯ブラシでも届かないような細いすきまなども、シートならしっかりふくことができます。

浴室・洗面所・トイレ掃除③ ――脱衣所、洗面台

✦収納棚など汚れがたまりやすい箇所もアルカリ電解水シートで定期的にふき掃除。

✦洗濯機のふたなどのほこり、カビもシートで落とせる。

脱衣所や洗面台は、家の中で汚れやすいポイントの一つです。家族で一日に何度も使いますし、唾液や皮脂、ハンドソープ、歯磨き剤、化粧品、髪の毛、ほこりなど、さまざまな汚れが発生します。また湿度が高いため、カビも増えます。こうした洗面台の汚れもアルカリ電解水シート（洗面台&鏡用）で掃除をしましょう。

洗面台の洗面ボウルとそのまわりは、うがいをしたときの唾液や歯磨き剤などが、かなり広い範囲に飛んでいます。洗面ボウルの中はもちろん、蛇口の裏側や鏡、洗面台まわり

脱衣所、洗面台の掃除

の壁面も一緒にふき掃除をするといいでしょう。アルカリ電解水のシートなら、拭き取りや洗い流しが不要なので、壁の掃除も手間がかかりません。

　また、鏡のわきの収納棚、洗面台下の収納庫も手垢やほこり、カビがたまりやすい場所です。定期的にふき掃除をしましょう。

　そのほか、脱衣場の床の皮脂汚れ、洗濯機のふたや洗濯槽のふちに付くほこりやカビの掃除にも、アルカリ電解水シートを活用できます。

トイレの酸性の汚れはアルカリ電解水で掃除。アルカリ電解水シートは消臭効果も。

トイレは、手垢や汗、皮脂、排泄物などの油分やたんぱく質の酸性の汚れと、手洗いの水垢、尿石などのアルカリ性の汚れが混ざっている場所です。このうち酸性の汚れは、アルカリ電解水で掃除ができます（水垢や尿石などアルカリ性汚れの掃除には、クエン酸を使用）。

トイレのドアや便器のふた、便座、ペーパーホルダーなどは手で触れる機会が多く、手垢汚れの付きやすい箇所です。アルカリ電解水シート（洗面台&鏡用）でふき掃除をするといいでしょう。

便器・トイレの床の掃除

便器のふたや便座などはアルカリ電解水シートでふく

便器内部の汚れにはアルカリ電解水スプレーをし、ブラシでこすると効果的

便器の内部の軽い汚れを落とす時は、アルカリ電解水をスプレーしてブラシでこすります。

トイレの床や壁をアルカリ電解水シートでふくと、たんぱく質汚れや雑菌を減らすことにつながり、消臭効果も期待できます。ただし、市販のトイレ掃除用シートと違い、使用済みのアルカリ電解水シートを便器に流すことはできませんので注意してください。

✦ベビー用品はアルカリ電解水シートでふき掃除を。
✦ペット用品もアルカリ電解水シートが使える。

赤ちゃんやペットが触れるものの衛生面と安全性には、特に気をつかいたいものです。

赤ちゃんは肌が薄く敏感です。最近では生後2～3カ月で、アトピー性皮膚炎と診断される子もいます。そのため、赤ちゃんが触れるものは、なるべく洗剤を使いたくないと考える人も多いでしょう。ベビー用品の掃除・洗浄に最適なのが、アルカリ電解水です。ベビーバスや湯温計などのお風呂グッズの掃除は、アルカリ電解水シート（お風呂そうじ用）を活用してください。またベビーベッドやベビーラック、ベビーカー、食事椅子、おもちゃ類なども、赤ちゃんの唾液やミルク、汗、皮脂ですぐに汚れます。アルカリ電解水シート

ベビー用品・おもちゃ、ペット用品の掃除

アルカリ電解水シートを
常備し除菌や消臭を

（食卓&リビング用）を常備し、ふき掃除をしてください。除菌（雑菌などを減らす）や消臭にもなります。

　ペットを飼っている家庭では、ペット用品（ケージや給餌器など）の清掃にも、アルカリ電解水シートをお使いいただけます。トイレトレーの周辺はペットのおしっこが飛び散っていることもありますので、普段からこまめにふき掃除をするとよいでしょう。アルコールを使用した商品なので、掃除後は、よく乾かしてください。

その他掃除② ——車内清掃

✦クルマのふき掃除はハンディクリーナーをかけた後に。✦窓の手垢やくもりも、アルカリ電解水シートできれいに。

クルマの中は、住居内と同じような汚れが発生します。座席シートには汗、皮脂、髪の毛、ほこり、食べこぼしなどがたまります。またハンドルやダッシュボード、ドリンクホルダー、窓、ドアの内側などは手垢汚れが付きやすくなります。こうした車内の清掃にも、アルカリ電解水が重宝します。

床やシートのほこり、髪の毛などはハンディークリーナーで取り除きます。その後、ハンドルやダッシュボードなど、ふき掃除ができる箇所をアルカリ電解水シート（クルマ掃

車内清掃

ハンドルやダッシュボードはアルカリ電解水シートでふき上げる
※本革のシートなどには使用不可

除用）でふき上げます。窓に付いた手垢やくもりもすっきりと、きれいになります。クルマの使用が多い家庭は、アルカリ電解水シートを車内に一つ置いておくと、車内が汚れたときにサッと掃除ができて便利です。

なお、本革のシートや車体外側の塗装面に、アルカリ電解水は使用できません。

第４章のポイント

●市販のアルカリ電解水を使った洗剤製品が増えている。しかし、製品によって品質には違いがあり、「真のアルカリ電解水」とはいえないものもある。

●真のアルカリ電解水を選ぶポイント①は、高い洗浄力があること。
いくつかのアルカリ電解水製品を使い比べてみると、洗浄力の違いが分かる。

●真のアルカリ電解水を選ぶポイント②は、高い洗浄力が持続すること。
洗浄力が持続しない製品は、ｐＨ安定剤などの添加物を加え、カバーしている。

●真のアルカリ電解水を選ぶポイント③は、すっきりした仕上がりで、肌に優しい。
ｐＨ安定剤を含む製品は、掃除後に白残りやベタつきがあり、肌への刺激も大きい。

●リビング、キッチン、浴室・洗面所・トイレ、ベビー用品など、さまざまな場所・用途でのアルカリ電解水の掃除法を知り、実践しよう。

第5章

ナチュラル洗剤で
健康なカラダを手に入れる

家で過ごす時間が長い今こそ、洗剤の見直しを

２０２０年以降、私たちの生活様式は大きく変化しています。マスクの着用や手洗い、人との距離を取るといった感染対策の励行はもちろんですが、最も大きく変化したのは「家で過ごす時間の長さ」であり「家での過ごし方」ではないでしょうか。

これまで一般的な日本人の生活では、家は休息の場という性質が強かったと思います。平日は仕事や学校、休日はレジャーなどへ出掛け、外で一日を過ごして帰ってくる場所が家でした。

それが新型コロナを機に在宅ワークやオンライン学習が当たり前になり、家は単に休息の場というだけでなく、仕事や学習をする場にもなってきています。

余暇の過ごし方にしても、自宅で家族そろって料理をしたり、ＤＩＹ（日曜大工）に取り組んだりと、〝おうち時間を充実させる〟過ごし方に注目が集まっています。

家族がそろってひとつ屋根の下で長い時間を過ごすようになったことで、これまで以上に自宅が安全・清潔であり、快適な空間であることが重要視されるようになっているように思います。

わが家が安全・清潔・快適であるために欠かせないのが、日々の掃除です。

家族が家で長時間を過ごすようになると、残念ながら、それに比例して汚れもたくさん発生します。家で調理をする回数が増えればそれだけキッチンは汚れますし、食事をするたびにテーブルまわりも汚れます。リビングや洗面所、トイレなどもそうでしょう。

職場であれば、みんなが使う場所の掃除は清掃業者にお任せでいいかもしれませんが、自宅はそういうわけにはいきません。今の時代、掃除機かけくらいはロボットが代行できるかもしれませんが、それ以外の掃除は、やはり家族で工夫して行っていかなければなりません。

私は、新しい生活様式が広がっている今こそ、住まいの掃除のしかたについても従来のやり方を見直してみるよい機会だと思っています。

合成洗剤を大量に使ってごしごしと汚れを落とし、何度もすすぎや仕上げぶきをするような従来の掃除法は、実はあまり効率的とはいえません。

洗剤やすすぎの水をたくさん必要としますし、掃除の開始から片付けまで工程が多いほど時間も掛かります。こうしたやり方で家中を徹底的に掃除しようと思うと、疲れ果ててしまいます。年末の大掃除などで、張り切って掃除に取り組んだものの、理想の状態に至る前にくたくたになってしまった経験がある人も多いのではないでしょうか。

従来の掃除法のデメリットはそれだけではありません。

本書の冒頭でも述べたように、危険な合成洗剤を使い続けることは家族の健康にとってリスクになる恐れがあります。

合成界面活性剤を減らし、皮膚疾患のリスク減

合成界面活性剤の健康リスクの１つ目は、合成洗剤に含まれる合成界面活性剤の悪影響があります。強力に油汚れを落とす合成界面活性剤は、肌の皮脂やたんぱく質まで奪ってしまいます。それによって、アトピー性皮膚炎や手湿疹といった皮膚疾患のリスクが高まることが知られています。

もちろん私たちは医療者ではありませんから、合成洗剤の使用をやめれば必ずアトピー性皮膚炎を改善できる、予防できるなどと断言できるわけではありません。

また実際のところ、合成界面活性剤は台所用・住居用・洗濯用洗剤だけにとどまらず、化粧品をはじめ、さまざまな生活用品に使用されています。厳密にいえば、私たちの日常生活から合成界面活性剤をゼロにするのは困難なのが現実です。

洗剤の合成界面活性剤にしても、肌荒れを起こしにくい人が適量で使う分には神経質になり過ぎなくてもよい、という見方もあります。

けれども、肌が敏感な人や洗剤使用によって肌荒れやかゆみ、赤みなどの皮膚症状が出ているにもかかわらず、清潔・衛生のためにしかたなく合成洗剤を使ってきたという人も少なくないと思います。そういう人こそ一度、合成洗剤の使用を見直すべきです。

水仕事で最も頻度が高い食器洗いでは、ひどい油汚れはキッチンペーパーなどでふき取ってから、ぬるま湯で重曹を溶いた重曹水で洗うときれいになります（重曹水だけで汚れ落ちが悪いときは、液体石けんを少量加えると洗浄力が改善します）。

住まいの掃除では、住居用合成洗剤のほとんどを重曹やアルカリ電解水などのナチュラル洗剤で代替できます。

洗剤類とその使い方を変えることで皮膚症状が改善するのであれば、やはり洗剤が悪化要因だったことが分かります。

なお今現在、皮膚炎があって皮膚科で治療を受けている人は、医師に相談したうえでナチュラル洗剤を使用するようにしてください。

こまめなふき掃除で、雑菌やカビが減少

健康リスクの２つ目は、雑菌やカビとアレルギーの問題があります。

合成界面活性剤は洗ったものの表面に吸着し、残留しやすい性質がありますが、洗剤分が残留していると、微量の洗剤成分を体内に取り込んでしまう恐れがあります。より具体的なリスクとしては、洗剤が残留していると、洗剤に含まれる油分を栄養にして雑菌やカビが繁殖することが挙げられます。

特に温度・湿度が高くなりやすい浴室や洗面所、キッチンなどの水まわりは要注意です。雑菌が増えれば嫌な臭いの原因になるだけでなく、増えたカビの胞子を吸い込むことで、喘息をはじめとしたアレルギー疾患につながる可能性も否定できません。

その点、アルカリ電解水をはじめとしたナチュラル洗剤は、こうした洗剤残りの心配はありません。すすぎや二度ぶきをしなくても（したとしても最小限で）、アルカリ性のナチュラル洗剤は油汚れやたんぱく質などの酸性汚れをすっきり落とすことができ、酸性汚れの

消臭効果もあります。

酸性のナチュラル洗剤は、アルカリ性の汚れを落とし、尿石などのアルカリ性汚れの不快な臭気も予防します。

さらに、汚れは付いてから時間が経つほど、こびりついて落としにくくなります。掃除が面倒で後回しにしていれば、それだけ落としにくい汚れが増え、残った汚れはやはり雑菌やカビの原因になります。

ナチュラル洗剤のなかでも特にアルカリ電解水シートは、袋からシートを出してふくだけで、とにかく手軽に掃除ができるのが特徴です。

汚れたとき、汚れに気づいたときにサッとシートを出してふくことを習慣にすれば、汚れが頑固になる前に除去できます。その結果、汚れとともに雑菌・カビを減少させることができ、アレルギー疾患のリスク軽減にもつながると考えられます。

掃除に掛かる手間や時間の短縮で、疲労＆ストレス軽減

健康リスクの３つ目に、掃除にまつわる疲労やストレスを挙げたいと思います。

健康リスクというとちょっと大げさかもしれませんが、住まいの日々の掃除が意外にストレスになっているというケースは、少なくないのではないでしょうか。

２０２０年９月、ＬＩＮＥリサーチによって全国の15～59歳の約５２００人を対象に「好きな家事・嫌いな家事」を尋ねるアンケート調査が行われています。

その結果が１７８ページのランキングです。好きな家事の上位には、男女ともに買い出しや調理が並んでいます。一方の嫌いな家事を見てみると、たくさん掃除が入ってきます。

特に女性では、トイレ掃除（2位）、お風呂掃除（3位）、床などのふき掃除（6位）、キッチンの掃除（9位）など、水まわりを中心に〝掃除が嫌い〟という声がたくさん上がっています。

好きな家事・嫌いな家事ランキング

［男女別］好きな家事ランキングTOP10

男性（n＝2626）			女性（n＝2626）		
1	買い出しをする・買い物に行く	35.8%	1	買い出しをする・買い物に行く	42.5%
2	ご飯をつくる	28.1%	2	ご飯をつくる	30.8%
3	お皿洗いをする	16.6%	3	洗濯物を干す	25.4%
4	掃除機をかける	16.0%	4	掃除機をかける	14.2%
5	片づけ・整理整とんする	14.7%	5	片づけ・整理整とんする	14.0%
6	ごみ出しをする	13.4%	6	裁縫をする（ボタンの付け替え、ぬいものなど）	12.3%
7	お風呂掃除をする	12.6%	7	お皿洗いをする	10.7%
8	洗濯物を干す	12.2%	8	洗濯物をたたむ	10.5%
9	洗濯物をたたむ	7.0%	9	トイレ掃除をする	5.2%
9	トイレ掃除をする	7.0%	10	キッチンの掃除をする	4.9%

［男女別］嫌いな家事ランキングTOP10

男性（n＝2626）			女性（n＝2626）		
1	トイレ掃除をする	24.6%	1	片づけ・整理整とんする	25.7%
2	裁縫をする（ボタンの付け替え、ぬいものなど）	19.6%	2	トイレ掃除をする	23.7%
3	片づけ・整理整とんする	15.8%	3	お風呂掃除をする	22.0%
4	ご飯をつくる	14.8%	4	アイロンがけをする	21.4%
5	お皿洗いをする	14.2%	5	ご飯をつくる	20.7%
6	アイロンがけをする	14.1%	6	ふき掃除をする（床・窓など）	20.2%
7	洗濯物をたたむ	13.7%	7	お皿洗いをする	15.6%
8	ふき掃除をする（床・窓など）	12.1%	8	裁縫をする（ボタンの付け替え、ぬいものなど）	15.4%
9	お風呂掃除をする	11.5%	9	キッチンの掃除をする	10.5%
10	洗濯物を干す	11.3%	9	洗濯物・衣類をしまう	10.5%

※複数回答（最大3つまで）
※「特にない」を除いたランキング
LINEリサーチの調査結果より作成

なぜこれだけ掃除を嫌いな人が多いのかというと、キッチンをはじめ水まわりの掃除をきちんとしようと思うと、時間も労力もかなり要するからでしょう。

例えば、キッチンのコンロまわりの油汚れを、従来の洗剤で掃除する場合は次のようになります。強い油汚れ用の洗剤を用意し、汚れに吹き付けてスポンジや雑巾などでごしごしと力を入れてこすり、汚れを落とします。次に洗剤が残らないように、水で濡らした雑巾などで、2～3回は仕上げぶきを繰り返します。さらに使い終わったスポンジや雑巾にも油汚れが付いていますから、掃除道具をきれいに洗って片付け、ようやく掃除が終わります。手際よくやっても20～30分、念入りにやろうとするとすぐに小1時間が経ってしまいます。

こうした時間も労力も掛かる掃除は大変ですから、忙しい現代人はどうしても「後でやればいい」「時間のある日に掃除しよう」となりがちです。すると、時間が経つほど汚れは頑固になり、ますます掃除が大変になる――という悪循環に陥ります。

いつもきれいで清潔な住まいで暮らせれば快適に違いありませんが、掃除のために毎回疲れ果ててしまっていては、本当に健康的な生活とはいえません。

そこで日々の掃除に活用してほしいのが、やはりアルカリ電解水です。

アルカリ電解水シートやスプレーを使えば、キッチンの面倒な油汚れも少ない力でさっと落とすことができます。食品を扱うキッチンでも一回ふくだけでよく、二度ぶきもいりませんから、掃除時間も減少します。丁寧にふいても、10～15分もあればコンロまわり全体を掃除でき、使い終わったシートはゴミ箱（燃えるゴミ）に捨てるだけです。

初めてアルカリ電解水を使った方は、こんなに簡単でこんなにきれいになるのかと、きっと驚かれることと思います。

ナチュラル洗剤を活用し、心身ともに健やかな暮らしを

新しい生活様式が模索されている今は、これまでの掃除の〝常識〟も大きな転換期を迎えているのかもしれません。

これまでの掃除といえば「合成洗剤とスポンジや雑巾を使い、頑張って汚れと格闘するもの」でした。使用する洗剤そのものが健康への悪影響が懸念されるうえ、それを使った掃除も決してラクとはいえませんでした。

しかし、これからの掃除は「ナチュラル洗剤を用い、手軽に手早くきれいにするもの」に変わっていくべきです。

洗剤そのものが安全安心なうえ、掃除が短時間ですめば、それだけ家族と余暇を楽しむ時間・体力を確保できます。

また安全で簡単な掃除であれば、子どもや掃除に不慣れな人も掃除をするハードルが下がります。場所ごとに家族が分担して掃除を行うようになれば、主婦に偏りがちな家事負担を減らすこともできます。〝家事も家族でシェアするもの〟と考える若い世帯に合った、新しい掃除スタイルが確立されていくことも予想されます。

もちろん、いきなり一気に洗剤や掃除スタイルを変える必要はありません。

興味がある人は、自分の取り入れやすいところから、ナチュラル洗剤に置き換えてみてください。そして、一度使ってみて「これはいいな」「他の場所にも試してみたい」と思ったら、徐々に切り替えていけばいいのです。

ただし、アルカリ電解水をはじめ、ナチュラル洗剤にも当然得意・不得意があり、個々の住まいの環境や生活スタイルに合わせて使う必要があるので、注意が必要です。

本書を参考に、ナチュラル洗剤を正しく使っていただくことで、ご家族の皆さんの安全で快適なライフスタイルを実現できれば幸いです。

第５章のポイント

●従来の合成洗剤に頼った掃除方法は、健康への悪影響が懸念される。
特に皮膚症状やアレルギー疾患がある人は、洗剤を見直すことも一案。

●従来の合成洗剤を使った掃除法は、すすぎや片付けまで含めて時間や労力が掛かり、決して効率的とはいえない。掃除での疲労やストレスも多い。

●ナチュラル洗剤を使った掃除法は安心安全なうえ、掃除の手間も少なく効率的。
掃除が手軽だと、こまめな掃除や家族での分担ができ、家事負担が減少。

●ナチュラル洗剤が普及すると、これまでの掃除の常識も変わる可能性がある。
掃除は「汚れと格闘するもの」から、「手軽に手早くきれいにするもの」へ。

●安全で快適な生活を実現し、家族そろって心身ともに健やかに暮らすためにアルカリ電解水をはじめとしたナチュラル洗剤を役立ててほしい。

おわりに

本書では、危険な合成界面活性剤を使用していない「ナチュラル洗剤」を取り上げ、その特徴や実際の使い方について紹介をしてきました。

ナチュラル洗剤の中でも、水と電解質を電気分解して作るアルカリ電解水は、高い洗浄力と手肌への優しさ、そして掃除の手軽さという3拍子がそろった、新世代の洗剤といっても過言ではありません。アルカリ電解水をはじめとしたナチュラル洗剤をより多くの方々に知っていただき、皆さんの健康と生活の向上に少しでも役立てていただければ、たいへんうれしく思います。

私の会社では掃除用の製品以外にも、重曹電解水を使用した安全性の高い商品の開発に取り組んでいます。来春には、高品質な、赤ちゃんの肌に優しい浴用洗浄液を発売する予定です。

製紙会社である私どもが、重曹電解水やアルカリ電解水といったナチュラル洗剤にいち早く着目し、製品に取り入れてきたのには大きく２つの理由があります。
一つは、人びとの健康を脅かす危険な合成界面活性剤を自社の製品に使いたくないということです。そしてもう一つが、地球の水環境を守りたいという思いです。

私の会社・服部製紙は、大正３年に創業しています。私の祖父にあたる服部常吉が行っていた手すき和紙の製造を端緒として、父・服部利雄が昭和25年に株式会社を設立しました。順調に事業を拡大し、トイレットペーパーやティッシュ類、ウェットティッシュなどの製造・販売を手掛けてきました。

ただ事業の拡大とともに気掛かりな問題も生じてきました。１９６０～70年代にかけては合成洗剤による生活排水の汚れとともに、企業の工場排水による水質汚染が深刻な社会問題になっていました。テレビのニュースでも瀬戸内海にたまったヘドロの問題などが頻繁に取り上げられていましたが、私の会社のような製紙会社の工場排水も、海の環境汚染と無縁ではなかったのです。

当時、高校生だった私自身、無残に汚染された海の映像を見てたいへん悲しく感じましたし、親族が製紙会社を経営していることで、学校でも肩身の狭い思いをしたものです。

それと同時に、製品を世に送り出す企業はその社会的責任として、環境にも人にも優しい製品を作らなければならない、という思いが胸に刻み込まれました。

私が25歳で服部製紙に入社してから45年余りが過ぎ、代表取締役社長となった現在も、その思いはまったく変わっていません。


現在、私の会社が掲げる基本理念は、「人と環境に負荷をかけない商品を開発し、使ってくださるお客様に感動していただける企業を目指す」というものです。

そして、私どもは基本理念に基づいて次の３つの柱で商品開発を行っています。

①水の力（アルカリ電解水・重曹電解水・強酸性電解水）
②紙（再生紙、非木材紙、水解紙など）
③人と環境に負荷をかけない商品（地球温暖化防止、森林・海中林保護）

これら三つの柱を統合し、私の会社の理念を具現化した商品の一つが、アルカリ電解水の掃除シートといえます。不織布に、劣化を抑えた高濃度のアルカリ電解水を浸透させた掃除シートは、本書の中でも紹介したように、たいへん多くのお客様に喜ばれています。

さらに、シートタイプの製品でふき掃除をするのを習慣にすれば、掃除で出た汚れを排水口に流すこともありませんから、生活排水による水環境汚染の心配もありません。まさに地球に優しい掃除法なのです。

ここ数年、世界規模での気候変動や環境汚染が深刻化し、「ＳＤＧｓ（Sustainable Development Goals：持続可能な開発目標）」が注目されるようになっています。ＳＤＧｓでは、森林や海洋資源の保護、企業が製造責任を明確にするといった目標が掲げられていますが、私の会社にとっては、すでに何十年も前から取り組んできたことです。

今後は、環境負荷が少ない優れた洗剤であるアルカリ電解水事業を、日本国内だけでなく広く海外にも展開していきたいと考えています。

次世代に持続可能な地球環境を引き継いでいくために、アルカリ電解水シートで掃除をする。そう思って掃除をしていただくと、日々の住まいの掃除もより楽しく、意義のあるものになるのではないでしょうか。

私ども服部製紙社員一同、国民の皆さんの健やかな暮らしと輝く未来に貢献するために、これからもよりいっそう、力を尽くしていく所存です。

最後になりますが、本書の制作にあたりご協力をいただきましたＭｉＺ株式会社の代表取締役、佐藤文武氏に、心より感謝申しあげます。

（参考文献）

齋藤勝裕『汚れの科学　汚れはどのように発生し、どのように消えるのか』　ＳＢクリエイティブ　２０１８

本橋ひろえ『ナチュラルおそうじ大全』　主婦の友社　２０１９

日本ハウスクリーニング協会『掃除の解剖図鑑』　エクスナレッジ　２０１７

阿部眞司「作業時間の短縮とコスト削減を実現するアルカリイオン清掃水―環境負荷低減型清掃システムのすすめ」『ビルメンテナンス』40（9）、ｐ41-44、２００５

服部正和（はっとり　まさかず）

服部製紙株式会社 代表取締役社長

1949年、愛媛県生まれ。

25歳で服部製紙株式会社に入社し、人に優しい製品の開発に尽力。その後、2007年に代表取締役社長就任。現在は「水の力（アルカリ電解水、重曹水、強酸性電解水）」「紙（再生紙、非木材紙、水解紙など）」「人と環境に負荷をかけない商品（地球温暖化防止、森林・海中林保護）」の３つの柱のもと、アルカリ電解水の掃除シートをはじめとした安全で高品質な製品の開発を行っている。

本書についての
ご意見・ご感想はコチラ

危険な合成洗剤にさようなら！
ナチュラル洗剤のキホン
Basics of Natural detergent

2021年7月29日　第1刷発行

著　者　　服部正和
発行人　　久保田貴幸

発行元　　株式会社 幻冬舎メディアコンサルティング
〒151-0051　東京都渋谷区千駄ヶ谷4-9-7
電話　03-5411-6440（編集）

発売元　　株式会社 幻冬舎
〒151-0051　東京都渋谷区千駄ヶ谷4-9-7
電話　03-5411-6222（営業）

印刷・製本　瞬報社写真印刷株式会社
装　丁　　立石 愛
装　画　　斉藤ヨーコ

検印廃止

Printed in Japan
ISBN 978-4-344-93444-3　C0077
幻冬舎メディアコンサルティングＨＰ
http://www.gentosha-mc.com/